AF557962

Münchnerisch

Alfred Bammesberger

EINE BAIRISCHE MUNDART
Münchnerisch

Für die, die's wirklich können wollen

Volk Verlag München

Coverillustration: Dirk Eckert, Herrsching | www.quodplacet.de

Die Deutsche Bibliothek verzeichnet diese Publikation in der Deutschen Nationalbibliografie; detaillierte bibliografische Daten sind im Internet über https://portal.dnb.de/ abrufbar.

2023 Volk Verlag München
Neumarkter Straße 23; 81673 München
Tel.: 089 / 420 79 69 80; Fax: 089 / 420 79 69 86

Druck: Pustet, Regensburg

ISBN 978-3-86222-432-6
www.volkverlag.de

Inhalt

1
Münchnerisch

1.1. Der Turmbau zu Babel

Wenn man in der bayerischen Landeshauptstadt München über den Viktualienmarkt geht oder in der Trambahn fährt, dann kann man eine Vielfalt von Sprachen wahrnehmen, die durchaus an die Verhältnisse beim unseligen Turmbau zu Babel erinnern. Nach dem Bericht im Buch *Genesis* (Kapitel 11) haben die Menschen als die Nachkommen von Adam und Eva ursprünglich eine einheitliche Sprache als Verständigungsmittel. Sie kommen aber auf die törichte Idee, einen zum Himmel hinaufragenden Turm zu bauen, mit dessen Hilfe sie sozusagen dem Herrgott in die Karten schauen wollen. Gott lobt zwar die technische Meisterschaft, freilich muss er die frevelhafte Hybris der Menschen, dass sie sich selbst den Zugang zum Himmel schaffen wollen, bestrafen, und so verwirrt er kurzerhand die Sprache: Durch die Vielfalt der Sprachen ist keinerlei harmonische Abstimmung mehr möglich, der Turmbau misslingt, das linguistische Chaos führt zum universellen Chaos.

1.2. Sprachlicher Alltag in München

Ein Abbild dieser manchmal chaotisch erscheinenden Verhältnisse finden wir in gemäßigter Form unter den Bewohnern von München. Aus dem letztlich fast unüberschaubaren Gewirr von Sprachen kommt auf den folgenden Seiten nur eine einzige zur Darstellung: ***Münchnerisch*** (abgekürzt als ***M.***) ist die Mundart, die von der einheimischen Bevölkerung von Kindesbeinen an erlernt und verwendet wird. Als Gründungsjahr für München gilt 1158, als der Welfe Heinrich der Löwe das Regionalzentrum Föhring zerstörte und seinen eigenen Markt mit Zollerhebung und Münzprägung *apud ... Munichen* „bei den Mönchen“ einrichtete. Dass es vorher schon eine Ansiedlung gegeben hat, ist wahrscheinlich. In den folgenden Jahrhunderten erlebte München einen rasanten Aufstieg. In Bezug auf die sprachliche Entwicklung muss man freilich konstatieren, dass in den letzten Jahrzehnten das ***M.*** den Status einer Minoritätensprache erreicht hat. Dies hängt in erster Linie mit der Bevölkerungsentwicklung zusammen. Rund 1,5 Millionen Menschen leben jetzt in München. Um das Jahr 1950 wohnten etwa 775.000 Menschen in München, in siebzig Jahren hat sich die Bevölkerungszahl durch enormen Zuzug verdoppelt, und die Sogwirkung der Stadt hält unvermindert an. Sprachlich sind damit beträchtliche Konsequenzen verbunden. Als Schmelztiegel modernen Typs hat München Sprecher der verschiedensten Sprachen aufgenommen, die alle untereinander eine neue Kommunikationsgemeinschaft bilden. Dabei erlernen Ausländer ohne Zweifel ein mehr oder weniger gut verständliches Deutsch. Aber auch die aus verschiedenen Teilen des deutschen Sprachgebiets zugezogenen Menschen haben eigene Sprachgewohnheiten. Es hat sich insgesamt eine Art „Koiné“ entwickelt, also eine Sprache, auf deren Grundlage allgemeine Verständigung möglich ist. Das reine ***M.*** herkömmlicher Prägung ist eindeutig in den Hintergrund geraten.

Die Suche nach einem idealen Informanten verläuft zwangsläufig ohne brauchbares Ergebnis. Der ideale Informant wäre eine ältere Person (sechzig Jahre aufwärts), die an der Stelle lebt, wo die Familie seiner Vorfahren seit mindestens zwei Generationen ansässig ist. Der ideale Informant sollte sich nach Möglichkeit im Laufe des Lebens nicht weiter als im Umkreis von ca. 10 km bewegt haben. Es kann gelingen, auf dem Land noch den einen oder anderen Informanten, der diese Voraussetzungen erfüllt, zu finden. Für den Bereich des ***M.*** ist dies jedoch undenkbar. Einen monoglotten Sprecher oder gar Analphabeten gibt es nicht. Alle Sprecher haben mehrere Register. Der Einfluss der Schriftsprache ist allüberall zu spüren. Dies ist auch in keiner Weise überraschend, denn Schulbesuch ist für alle obligatorisch. Bei Sprechern des ***M.*** kann man mehrere Schichten im Sprachgebrauch, sogenannte Register, unterscheiden. Dabei ist der etwaige Gesprächspartner, sei es ein Arzt, ein Beamter oder sonst eine Funktionsperson, von ausschlaggebender Bedeutung. Im Normalfall wird der Sprecher des ***M.*** bei einer Unterhaltung die Schriftsprache verwenden, so gut er sie eben beherrscht. In entsprechender Weise gehen Lehrer, Pfarrer, Arzt oder Pflegepersonal vor. Freilich können sie gut demjenigen, der erkennbar Sprecher des ***M.*** ist, das Gefühl besonderer Nähe geben, wenn sie vertraute Formen und Begriffe einfließen lassen und vielleicht allmählich zum Gebrauch der Mundart übergehen. Zur Beschreibung dieses Zustands ist wohl der Begriff Polyglossie geeignet. Dabei handelt es sich jeweils um verschiedene Varietäten des Deutschen.

Vermutlich nähert sich praktisch jeder Sprecher einer sprachlichen Äußerung aus zwei entgegengesetzten Richtungen: Ausgehend vom Dialekt oder der Schriftsprache setzt er irgendwo im Mittelbereich ein. Nach dem Verhalten des Gesprächspartners wird der Sprachduktus entweder in Richtung Schriftsprache oder Mundart gehen.

Alle Sprecher haben mehrere Abstufungen zur Verfügung. Während die mundartliche Form ***mo*** „Mann" durchaus allgemein verwendet wird (***dǫ is a mo drausn*** „da steht ein Mann vor der Tür" = „da ist jemand an der Tür"), ist normalerweise zu erwarten, dass eine verheiratete Frau sagt: ***mài man awad bài da baŋk*** „mein Mann arbeitet bei der Bank". Der Diphthong ***ài*** in ***hàid*** „heute", ***làid*** „Leute" wird oft durch die schriftsprachliche Entsprechung *oi* (*hoite* „heute", *loite* „Leute") ersetzt, und so wird man auch normalerweise auf die Frage nach Staatsangehörigkeit ***doitš*** „deutsch" sagen. Wenn dagegen jemand darauf hinweisen will, dass ein Zusammenhang unwidersprüchlich anzuerkennen ist, dann heißt es meist ***auf dàitš gsǫgd*** „auf Deutsch gesagt" – und diese Ausdrucksweise ist auch dann anzutreffen, wenn derjenige, der sie gebraucht, ohnehin keiner weiteren Fremdsprache mächtig ist. Auch die Währung *Euro* wird meist als ***ǫiro*** (und kaum als ***àiro***) bezeichnet. Vielleicht ist es letztlich schier unmöglich, eine „Münchner Stadtmundart" der Gegenwart auszumachen, denn jede Sprecherin und jeder Sprecher tendiert automatisch zum Schriftdeutschen hin, das natürlich besondere Schattierungen und Abtönungen im Raum München aufweist.

1.3. Die bairischen Dialekte

In der Einteilung der bairischen Dialekte gehört das ***M.*** zum „Mittelbairischen" und steht dem „Nordbairischen" (in der Oberpfalz) und „Südbairischen" (in Teilen von Österreich und Südtirol in Italien) gegenüber. Es mag paradox klingen, dass in den Regierungsbezirken Oberbayern und Niederbayern Mittelbairisch gesprochen wird. Aber dies ist nicht überraschend: Sprachgrenzen stimmen selten mit politischen und administrativen Grenzen überein. In seiner maximalen Ausdehnung ist der geographische Raum, in dem Bairisch gesprochen wurde oder noch wird, viermal so groß wie die Schweiz: Die Extrempunkte vom Arlberg und dem Neusiedlersee trennen etwa 500 km, und die größte Entfernung vom Fichtelgebirge bis zum äußersten südlichen Ende des Sprachgebiets im südtiroler Etschland beträgt etwa 450 km. Das Bairische ist ein Dialekt des Deutschen. Im Gegensatz zu den norddeutschen Mundarten ist im Süden eine „Lautverschiebung" bei den Konsonanten durchgeführt worden. Die Einzelheiten dieses Lautwandels sind durchaus kompliziert, aber man kann vereinfachend „unverschobene" Formen *slapen, water, maken, tid* den Formen *schlafen, wasser, machen, zit/zeit* in den sogenannten „hochdeutschen" („oberdeutschen") Dialekten gegenüberstellen. Das Bairische gehört zur letzteren Gruppe. Das Deutsche seinerseits ist eine Untergruppe der germanischen Sprachen und ist mit dem Friesischen, Englischen und, etwas entfernter, dem Dänischen, Schwedischen, Norwegischen und Isländischen verwandt. Die früheste umfangreiche Bezeugung der germanischen Sprachen liegt in der Übersetzung von Teilen der Heiligen Schrift ins Gotische vor. Das Gotische ist eine ostgermanische Sprache, die uns aus dem 4. Jahrhundert überliefert ist. Die germanischen Sprachen ihrerseits gehen auf die indogermanische (heute auch oft „indoeuropäisch" genannte) Grundsprache zurück. Für das Deutsche wird im vorliegenden Zusammenhang nach Möglichkeit Bezug genommen auf althochdeutsche Formen oder deren mittelhochdeutsche Fortsetzungen. Wenn von der Sprache die Rede ist, wird immer „bairisch" geschrieben, mit Bezug auf den Freistaat gilt die Schreibung „Bayern": Seit 1825 wird gemäß einer Anordnung des hellenophilen Königs Ludwig I. die Schreibung Bayern mit „y" verwendet.

1.4. Optimismus und Nostalgie

Über den Klang des Bairischen gibt es sehr unterschiedliche Aussagen und Ansichten. Weinhold (1867, 11) berichtet, dass Sebastian Franck in seinem *Weltbuch* aus dem Jahr 1534 die Bayern charakterisiert als *nit seer ein höflich volk, sunder grober sitten vnd sprach*, der Dialekt selbst *galt im Mittelalter als polternd, unfein, rau*; aber Weihnhold erwähnt auch, dass *die eingeborenen Dichter unserer Tage* (d.h. Mitte 19. Jahrhundert), *welche sich der Mundart bedienen, mit großer Begeisterung den Wolklang, die Weichheit und Treuherzigkeit hervorheben.*

Ästhetische Fragen dieser Art bleiben unberücksichtigt. Das ***M.*** wird als eine regelhafte Ausformung des Deutschen betrachtet. Mit Verweis auf Schmeller (1872 – 1877) betrachtet Zehetner (2018, 15) den bairischen Dialekt *als ein in sich geschlossenes Sprachsystem, das sich im Laufe der Jahrhunderte als die eigentliche Volkssprache entwickelt hat, und zwar konsequent und bruchlos aus dem Alt- und Mittelhochdeutschen, während das Schriftdeutsche als Übereinkunft der Gebildeten recht unterschiedliche Entwicklungsstränge in sich vereinigt.* Diese absolut zutreffende Einschätzung schließt jede Art von Minderwertigkeit aus. In dieser Hinsicht verdienen Merkles Ausführungen (2005, 29) volle Zustimmung: *Es ist nicht etwa so, dass die Mundart eine Art verderbtes, heruntergekommenes Hochdeutsch wäre. Im Anfang war nicht das schriftdeutsche, sondern das Dialekt-Wort. Es dauerte viele Jahrhunderte, bis sich aus den Sprachen der deutschen Stämme, aus den Stammesdialekten, die überregionale, standardisierte Schriftsprache entwickelt hat. Viele Eigentümlichkeiten, die man in deutschen Mundarten entdeckt, sind direktes Erbe aus mittelhochdeutscher Zeit, das sich im Dialekt unversehrt erhalten hat.*

Die folgenden Seiten sind in erster Linie dem ***M.*** gewidmet. Es soll der Sprachgebrauch der älteren Generation beschrieben werden. Eine strikt wissenschaftliche Behandlung ist nicht beabsichtigt: Es sind keine linguistischen Erhebungen mit statistischem Anspruch erfolgt. Ich berichte aus meiner eigenen Erinnerung und dem Anhören von Verwandten und Bekannten, die mehr oder weniger der gleichen Altersstufe angehören. Dass beim Schreiben dieser Zeilen gewisse Nostalgie mitschwingt, will ich nicht verleugnen. Es geht letztlich um die versunkene Zeit der Nachkriegsperiode und den damit verbundenen Wiederaufbau aus einer zerbombten Welt. Als Sechsjähriger habe ich das schreckliche Ende des Zweiten Weltkriegs und seiner Folgen erlebt. Der Krieg, der 1945 mit der Kapitulation endete, hat unendliches Leid in viele Familien gebracht. Die Nachkriegszeit stand aber im Zeichen eines optimistischen Wiederaufbaus. Sicherlich sind wir alle dankbar, die Trümmerhaufen überwunden zu haben. Die wahrgenommene Welt war in vieler Hinsicht anders als heute. Die Devise im München der Nachkriegszeit war in den Worten des damaligen Oberbürgermeisters Thomas Wimmer, der allgemein ***da wima dàmal*** genannt wurde: ***ràmadàma***, wörtlich „räumen tuen wir". Der Ausspruch war als die optimistische Ermunterung gemeint, dass wir einen Neuanfang brauchen, dass der durch Bomben verursachte Schutt und Unrat beseitigt werden muss, um eine lebenswerte Welt aufzubauen.

Wie das ***M.*** zu jener Zeit geklungen haben mag, das will ich nach Möglichkeit aufzeigen. Der Ausgangspunkt ist somit der Befund des ***M.*** im 20. Jahrhundert. In vielen Einzelheiten handelt es sich um „Erinnerungsformen", die kaum mehr aktiv gebraucht werden. Als primäre Vergleichspunkte dienen jeweils die Entsprechungen in früheren Stufen des Deutschen, nicht die sog. Schriftsprache. Vor diesem historischen Hintergrund sollen die Besonderheiten des ***M.*** erläutert werden.

Die hier beschriebene Sprachform ist bestimmt nur noch selten anzutreffen, in nicht allzu ferner Zukunft wird sie aussterben. Aber die Erinnerung können wir wach halten. Dazu dienen die folgenden Seiten. Es werden ausschließlich die Formen des ***Münchnerischen*** sowohl **fett** als auch *kursiv* gesetzt: ***štoa*** „Stein", ***tswoa*** „zwei", ***hàid*** „heute" etc. Daher ist für diese Formen keine weitere Bestimmung mehr erforderlich. Erklärungen zur geschichtlichen Entwicklung des Bairischen werden eingestreut. Eine dringend benötigte Historische Grammatik des Bairischen kann freilich nicht geboten werden. Vermieden wird die Vorstellung, dass das ***M.*** sozusagen ein Abkömmling der Schriftsprache sei. Diese irreführende Vorstellung wird auch dadurch genährt, dass man sagt, dieses oder jenes Wort der Schriftsprache, z.B. *geben*, lautet auf ***M.*** folgendermaßen, nämlich ***gem***. Eine derartige Ausdrucksweise ruft in der Tat die Vorstellung hervor, dass die Schriftsprache der primäre Ausgangspunkt sein könnte, von dem aus sich die Mundart entwickelt hat. Bei einer historischen Betrachtungsweise muss man aber von früheren Sprachstufen ausgehen und dann fragen, durch welche Veränderungen die Formen der Gegenwart erklärt werden können. Wenn wir von althochdeutsch *geban* ausgehen, dann können wir sagen, dass bei der Entwicklung zum ***M.*** hin der Vokal *-a-* geschwunden ist, das auslautende *-n* hat sich an die Artikulationsstelle des *-b-* angepasst, und dadurch resultierendes *-bm* hat durch Assimilierung *-m* ergeben (***gem***). Freilich kann nicht in jedem Einzelfall der Entwicklungsweg ausführlich nachgezeichnet werden. In jedem konkreten Fall wird an erster Stelle die zu erörternde Form des ***M.*** genannt, dann kommt eine die Bedeutung angebende schriftdeutsche Übersetzung, die in vielen Fällen auch einen (versteckten) Hinweis auf die Entwicklung gibt. Die Formen des ***M.*** gelten als das „Gegebene", zur parallelen Erklärung werden Entsprechungen in der Schriftsprache angegeben, der wirkliche Erklärungsansatz ist aber historisch: Man muss von der alt- bzw. mittelhochdeutschen Vorstufe ausgehen, die als Basis für das ***M.*** und die übrigen Dialekte des Deutschen fungiert. Auf keinen Fall soll man die schriftsprachlichen Übersetzungen als Ausgangspunkt für die Formen im ***M.*** halten. Die Übersetzungen haben primär Informationscharakter.

1.5. Vorgehensweise

Dialektgrammatiken ebenso wie Sprachgeschichten haben im Grunde genommen meist das gleiche methodische Vorgehen. Als Ausgangspunkt wird jeweils eine frühe Überlieferungsstufe gewählt, in absteigender Folge werden dann die einzelnen Entwicklungen dargestellt, die bis zur Gegenwart reichen. Im konkreten Fall des ***M.*** bedeutet dies, dass vom Althochdeutschen ausgegangen wird und die verschiedenen Entwicklungen über das Mittelhochdeutsche bis zur Gegenwart analysiert werden. Dieses bei Spezialisten übliche Verfahren war freilich hier nicht anwendbar, denn die Kenntnis der mittelalterlichen Sprachstufen kann beim Leser nicht vorausgesetzt werden. Daher gehe ich den umgekehrten Weg.

Den Ausgangspunkt bildet jeweils der moderne Befund im ***M.*** Dieser Befund wird in einzelnen ausgewählten Bereichen zurückverfolgt. Wichtig ist in jedem Fall, dass das ***M.*** nicht als eine entartete Form des sozusagen „normalen" Deutsch betrachtet wird. Den Begriff „Hochsprache" vermeide ich in diesem Zusammenhang bewusst: Was meist als „Hochdeutsch" bezeichnet wird, nenne ich eher neutral „Schriftdeutsch". Die Bezeichnung „Grammatik" will ich für die Darstellung nicht verwenden, weil ich den an eine wirkliche Grammatik zu stellenden Ansprüchen nicht gerecht werden kann. Eher könnte man von „Betrachtungen" reden, denn das Ziel besteht darin, dass einzelne und (hoffentlich) wichtige Aspekte in teilweise wehmütigem Rückblick behandelt werden. Eine umfassende Behandlung ist nicht möglich. Seit der Mitte des 20. Jahrhunderts ist das ***M.*** dreimal der spezielle Gegenstand intensiver sprachlicher Analyse gewesen: Wittmann (1943), Kufner (1961) und Stör (1996).

Aus der umfangreichen Literatur zum Bairischen können besonders Merkle (2005), Kranzmayer (1956), Zehetner (1977), Zehetner (2018) und Auburger (2011) herausgegriffen werden. Eine Fülle von treffenden Beobachtungen liefert Zehetner (2009, 2010, 2011, 2018). Ein modernes Panorama über das Bairische geben Zehetner (1985) und Schmid (2012). Weiterführende Literatur wird bei Stör, Zehetner und Schmid in reichem Maß angegeben. Das ***M.*** wird in Kapiteln vorgestellt: Laute und Lautgeschichte werden in **2.** und **3.** behandelt, **4.** – **12.** sind der Formenlehre gewidmet.

2

Laute

2.1. Von der Sprache zur Schrift

Schriften dienen dazu, Sprachlaute nach Möglichkeit festzuhalten. Wichtig sind in erster Linie die kleinsten bedeutungsunterscheidenden Lauteinheiten eines Sprachsystems, die Phoneme.

Wenn wir im ***M. bɛtn*** „beten, ein Gebet sprechen", ***betn*** „Betten" (Plural zu *Bett* „Liegestatt") und ***bitn*** „bitten, eine Bitte aussprechen" vergleichen, dann ist ein Unterschied in den Vokalen hörbar, während die Konsonanten identisch bleiben (2.2.2.). In ***bɛtn*** ist ***ɛ*** etwas offener (näher zu ***a*** hin, vergleichbar dem *ä* in *spät, Käs* etc., englisch *hat* „Hut", *bad* „schlecht") als ***e*** in ***betn***, ***i*** in ***bitn*** ist geschlossener als ***e*** in ***betn***: ***ɛ***, ***e*** und ***i*** sind als drei verschiedene Phoneme zu werten. Der Vokal ***a*** hat leichte Rundung und ist von ***à*** (sehr hell zu ***ɛ*** tendierend) zu unterscheiden: ***pflantsn*** „eine Pflanze setzen" ist verschieden von ***pflàntsn*** „zum Narren halten, foppen"; der Singular ***gaŋ*** in ***dǫ is a mo im gaŋ*** „da ist ein Mann im Hausgang" kontrastiert mit dem Plural ***gàŋ*** in ***so geŋa de gàŋ*** „so verlaufen die Dinge, das ist der Lauf der Dinge" (wörtlich „so gehen die Gänge)"; der Konjunktiv ***i wàr*** „ich wäre" ist klar verschieden von ***i wǫ*** „ich war".

Phoneme erweist man durch Minimalpaare, also Gegenüberstellung von Wörtern, die sich nur in einer lautlichen Einheit unterscheiden. In der wissenschaftlichen Literatur werden Phoneme zwischen / / gesetzt, z.B. /ɛ/, /e/, /i/, /à/, /a/. Für die vorliegenden Zwecke muss im Wesentlichen eine Form der Normalschrift des Deutschen genügen, in der lediglich einige Modifikationen eingeführt werden, um Besonderheiten der Lautung im ***M.*** darzustellen. Eine reine Lautschrift wäre nur für Spezialisten von Belang. Die verwendeten Besonderheiten sind auf das Minimum reduziert. Großbuchstaben werden nicht verwendet, ebenso fehlen in der Umschrift jeweils Zeichen der Interpunktion.

Leicht zu lesen ist eine (phonetische) Umschrift nie. Die in dieser Arbeit verwendete Umschrift ist alles andere als wissenschaftlich hieb- und stichfest, in vieler Hinsicht ist sie ein Kompromiss. Die Umschrift ist auch nicht völlig konsequent, denn unnötige Verfremdung soll vermieden werden. Um aber den Leser möglichst gut an die für die Argumentation unerlässliche Umschrift zu gewöhnen, ist jedes Beispiel mit einer schriftdeutschen Übersetzung (oft wörtliche Entsprechung) versehen worden. Leser könnten jeweils versuchen, sich die Lautung der Wörter klar zu machen, erst dann sollten sie die beigefügte Übersetzung anschauen. In vielen Fällen hilft diese Übersetzung durchaus, denn es kann sich um das gleiche Wort in schriftdeutscher Form handeln. Wesentlich günstiger ist es natürlich, wenn ein „native speaker“ zur Verfügung steht. Man wird dann zweckmäßigerweise fragen, wie ein gegebenes Wort auf ***M.*** gesprochen wird. Eine Grundunterscheidung im Bereich der Laute betrifft Vokale (Selbstlaute) und Konsonanten (Mitlaute).

2.2. Vokale

2.2.1. Laute und ihre Erzeugung

Der aus der Lunge kommende Luftstrom geht durch den Kehlkopf und erfährt im Mundraum durch verschiedene Positionen der Zunge oder der Lippen eine Modifikation. Vereinfachend kann die Artikulation der für das ***M.*** typischen Vokale in betonten Silben bildlich dargestellt werden. Die Pfeile geben die Richtung des aus der Lunge kommenden Luftstroms an, die Vokale deuten die Position der Zunge bei der Artikulation der entsprechenden Vokale an. Der Sprecher blickt nach links.

Bei *a* liegt die Zunge flach am Boden des Mundes; daher bittet der Arzt, den Mund weit zu öffnen und „*a*“ zu sagen, wenn er den Rachen eines Patienten untersuchen will. Bei *u* ist die Zunge in Richtung Gaumen gehoben, bei *i* in Richtung Vorderzähne. *ǫ* und *o* liegen zwischen *a* und *u*, dementsprechend liegen *ɛ* und *e* zwischen *a* und *i*. Bei *o* und *u* sind die Lippen gerundet, bei den übrigen Vokalen neutral bis gespreizt. Die Quantität (Länge und Kürze) der Vokale steht in direkter Beziehung zum jeweils folgenden Konsonanten (lenis und fortis).

Als Behelfsmittel wird die Länge eines Vokals durch *:* bezeichnet, z.B. ***i:*** in ***fi:š*** „Fisch" (Singular). Die Beispiele werden nicht nach besonderen Kriterien geordnet, der Leser soll an der schriftdeutschen Entsprechung andeutungsweise erkennen, welche lautlichen Eigenheiten die jeweilige Form im ***M.*** aufweist.

2.2.2. Monophthonge (einfache Selbstlaute) im *M.*

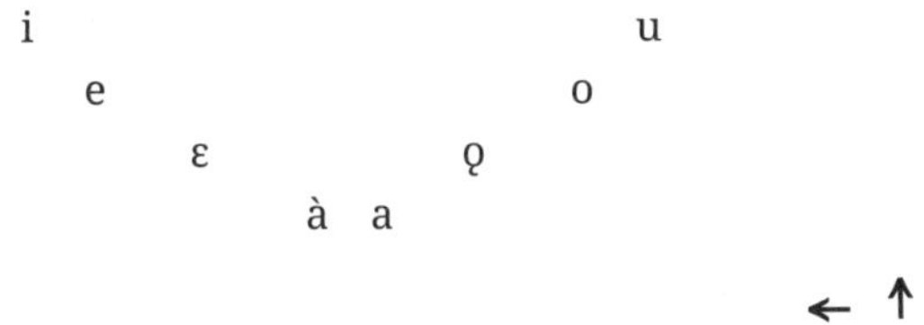

i – [wie *i* in *Fisch, Tisch* etc., Länge wird gegebenenfalls durch *:* bezeichnet]
i „ich", ***mi*** „mich", ***di*** „dich", ***fi:š*** „Fisch" (-***š*** lenis), ***fiš*** „Fische" (-***š*** fortis), ***ši:f*** „Schiff" (-***f*** lenis), ***šif*** „Schiffe" (-***f*** fortis), ***igl*** „Igel" (***i:***), ***blits*** „Blitz" (***i:***), ***wits*** „Witz" (***i*** kurz), ***fih*** (***i:***, auslautend ***h*** ist deutlich artikulierter Reibelaut *ch*) „Vieh, auch Tier allgemein", ***lipm*** „Lippe", ***wišn*** „wischen", ***kimt*** „(er) kommt", ***hipš*** „hübsch", ***šisl*** „Schüssel", ***biksn*** „Büchse", ***brih*** „Brüche", ***šprih*** „Sprüche", ***šlisal*** „Schlüsselchen", ***liftal*** „Lüftlein", ***sipal*** „Süppchen", ***šprihal*** „Sprüchlein", ***iwa*** „über", ***tsig*** „Züge", ***štiwal*** „Stüblein", ***winšn*** „wünschen", ***kini*** „König", ***ripm*** „Rippe", ***gripm*** „Krippe", ***mitn*** „Mitte", ***šmid*** „Schmied", ***gwis*** „bestimmt", ***kiwe*** „Kübel", ***kiwal*** „kleiner Kübel"

e – [wie *e* in *fett, nett* etc.]
bet „Bett", ***dekŋ*** „Decke", ***ek*** „Ecke", ***brems*** „Bremse", ***hent/hend*** „Hände", ***went/wend*** „Wände", ***deŋka*** „denken", ***deŋk*** „links", ***dreŋka*** „tränken", ***beŋk*** „Bänke", ***epfe*** „Äpfel", ***wetsn*** „wetzen", ***fegl*** „Vögel", ***kema*** „kommen", ***hetsn*** „hetzen", ***nets*** „Netz", ***feta*** „Vetter" (früher „Onkel"), ***fresn*** „fressen", ***esn*** (auch ***ɛsn***) „essen", ***fretn*** „sich abplagen", ***gfret*** „Gefrett, Plagerei (mit finanzieller

Not)“, ***lešn*** „löschen“, ***lefe*** „Löffel“, ***mesna*** „Mesner“, ***esl*** „Esel“, ***lenda*** „Länder“, ***gens*** „Gänse“, ***dehta*** „Töchter“, ***bek*** „Böcke“, ***kepf*** „Köpfe“, ***gnepf*** „Knöpfe“, ***gnepfal*** „Knöpfchen“, ***tsepf*** „Zöpfe“, ***drepfen*** „tröpfeln“ (***es hǫd drepfed*** „es hat ganz leicht geregnet“, ***es drepfed so*** bezeichnet eine eher schleichende Abwicklung der Geschäfte), ***drepfal*** „kleiner Tropfen“, (***i***) ***meht*** „ich möchte“, ***gnedl*** „Knödel“, ***freš*** „Frösche“, ***brekal*** „Bröckchen“, ***ben*** „Böden“, ***beŋ*** „Bögen“, ***efal*** „Öfchen“, ***šteka*** „(Elektro)Stekker“, ***še*** „schön“

ɛ – [etwa wie *a* in englisch *bad* „schlecht“, *hat* „Hut“ etc.]
blɛd „blöd, dumm“, ***bɛtn*** „beten“, ***bɛt*** „gebetet“ und (Imperativ) „bete!“, ***štɛka*** „Stecken“ (auch „Spazierstock“), ***dɛp*** „Dummkopf“, ***drɛpm*** „Treppe“, ***bɛha*** „Becher“, ***rɛhna*** „rechnen“, ***glɛsa*** „Gläser“, ***nɛgl*** „Nägel“, ***šnɛ*** „Schnee“, ***bɛda*** „Peter“, ***sɛ*** „See“, ***hɛ*** „Höhe“, ***šnɛk*** „Schnecke“, ***wɛps*** „Wespe“, ***tsɛk*** „Zecke“, ***gšɛkad*** „kariert, mehrfarbig“, ***nɛwe*** „Nebel“, ***bɛsn*** „Besen“, ***sɛŋ*** „sehen“, ***gsɛŋ*** „gesehen“, ***lɛtšn*** „Gesicht, Mund (oft traurig)“, ***bɛs*** „böse“, ***blɛd*** „blöd“, ***brɛsl*** „Brösel“, ***hɛa*** „höher“, ***flɛ*** „Flöhe“, ***grɛs*** „Größe“, ***grɛsa*** „größer“, ***rɛstn*** „rösten“ (***grɛste katofe*** „Röstkartoffeln“), ***ɛht*** „echt“, ***jɛtsad*** „jetzt“

à – [offenes *a*, vergleichbar *a* in englisch *master*, verschieden von ***a*** in ***aht*** „8“]
àpfal „kleiner Apfel“, ***ràdl*** „Fahrrad“, ***ràdln*** „mit dem Fahrrad fahren“, ***nàsln*** „leicht regnen, nässeln“, ***flàksn*** „Sehne“, ***dàksn*** „Tannenzweige“, ***wàsrig*** „wässrig“, ***wàsal*** „Wässerlein“, ***blàdl*** „Blättchen“, ***blàdln*** „blättern“, ***àstal*** „Ästchen“, ***gràntig*** „umwirsch, schlecht gelaunt“, ***grànt*** „schlechte Laune“, ***àntn*** „Ente“, ***àntal*** „Entlein“, ***gàŋ*** „Gänge“ (Singular ***gaŋ*** „Gang, Flur“; ***so geŋa de gàŋ*** „so gehen die Dinge“, drückt Resignation, Zustimmung, vielleicht auch Bewunderung aus), ***bàts*** „Batz, breiige Masse“, ***glàm*** „glauben“ (aber meist ***glaum*** „der Glaube“), ***bàm*** „Baum, Bäume“, ***hàfal*** „kleiner Topf“ (Diminutiv zu ***hǫfa*** „Topf“), ***làfa*** „laufen“, ***kàfa*** „kaufen“, ***hàfa*** „Haufen“, ***kàs*** „Käse“, ***kàsig*** „bleich“, ***dàma*** „Daumen“, ***tsàh*** „zäh“, ***gàh*** „jäh, steil“, ***kàm*** „würde kommen“, ***hàksn*** „Bein(e)“, ***wà*** „wäre“ (dagegen ***wǫa*** „war“), ***dàd*** „täte“, ***gàb*** „gäbe“, ***làg*** „läge“, ***ràma*** „räumen“, ***kàm***

„kaum“, ***kàm*** „(ich, er) käme“, ***nà*** „nein“, ***šnàkla*** „Schluckauf“, ***gràksln*** „klettern“, ***gràfl*** „minderwertige Ware“ (oft auch ***gràfe***), ***dràtsn*** „necken“, ***ràfa*** „raufen“, ***šàhan*** „dubiose Geschäfte machen, schachern“, ***pflàntsal*** „Pflänzchen“, ***pflànts*** „Neckereien, Späße“ (Singular ***pflǫnts***), ***gwàš*** „Flüssigkeit, unschmackhaftes Getränk“ („Gewäsch“), ***fàsl*** „Fässchen“, ***šàma*** „(sich) schämen“, ***àifàdln*** „einfädeln“, ***šàme*** „Schemel“, ***ràdi*** „Rettich“, ***štàd*** „ruhig, still“, ***wàtl*** „Wörtchen“ (Diminutiv zu ***woat*** „Wort“), ***gwàks*** „Gewächs“ (oft pejorativ), ***gnàk*** „geiziger Mensch“, ***fàkl*** „kleines Ferkel, auch Schmutzfink“, ***màn*** „mähen“ (***s grǫs màn*** „das Gras mähen“, aber eher ***an rasn mɛn*** „den Rasen im eigenen Garten mähen“), ***dràn*** „drehen“, ***dàhen*** „stehlen“ (abgeleitet von ***dàhe*** „Dachel, Dohle“, weil der Vogel glänzende Gegenstände entwendet), ***gšàftlhuawa*** „Wichtigtuer, der sich überall einmischt“, ***nà*** „nein“, ***dàmiš*** „dumm, blöd“ (***moanst i bin dàmiš*** „hältst du mich für dumm?“, ***mia is dàmiš*** „mir ist schwindlig“), ***šwàgarin*** „Schwägerin“ (Frau vom ***šwǫga*** „Schwager“), ***dàfal*** „kleine Tafel“ (Diminutiv zu ***dǫfe*** „Tafel“), ***wàpal*** „Aufkleber“, ***bàpal*** „Klebemarke“, ***gràmpfen*** „stehlen“ (***grampf*** „Krampf, Unsinn“), ***dàsig*** „kleinlaut“, ***gràfe*** „wertloses Zeug, Graffel“

a – [neutrales *a*, eher zu *o* tendierend, vergleichbar *o* in amerikanischer Aussprache von *pot* „Topf“]
apfe „Apfel“, ***apfesaft*** „Apfelsaft“, ***aht*** „acht“, ***wasa*** „Wasser“, ***af*** „Affe“, ***awa*** „aber“, ***bap*** „Klebstoff“, ***kats*** „Katze“, ***ast*** „Ast“, ***rats*** „Ratte“, ***sah*** „Sache“, ***flašn*** „Flasche“, ***waksn*** „wachsen“ (auch „waxen“), ***hagln*** „hageln“, ***fata*** „Vater“, ***hand*** „Hand“, ***gaŋ*** „Gang, Verlauf“, ***waš*** „Wäsche“, ***wašn*** „waschen“, ***šlafa*** „schlafen“, ***nahba*** „Nachbar“, ***wa*** (auch ***wǫ***) „war“ (im Gegensatz zu ***wà*** „wäre“), ***wapm*** „Wappen“

ǫ – [*a* mit starker Tendenz zu *o*]
hǫfa „Topf“, ***dǫg*** „Tag“, ***grǫm*** „graben“, ***bǫn*** „baden“, ***šǫn*** „schaden, der Schaden“, ***sǫŋ*** „sagen“ (***i sǫg*** „ich sage“), ***grǫs*** „Gras“, ***blǫds*** „Platz“, ***sǫg*** „Sack“, ***gǫwe*** „Gabel“, ***nǫgl*** „Nagel“ ***nǫgln*** „nageln“, ***dǫfe*** „Tafel“, ***šǫf*** „Schaf“, ***drǫd*** „Draht“, ***nǫsn*** „Nase“, ***kǫda*** „Kater“, ***šnǫwe*** „Schnabel“, ***bǫa*** „Paar“, ***dǫ*** „hier, da“ (***hia*** „hier!“ ist vergleichsweise formell), ***ǫwa*** „herunter“, ***ǫwe*** „hin-

unter“, ***šwǫga*** „Schwager“, ***hǫm*** „haben“ (***hǫm sǫŋ dšwǫm*** „haben sagen die Schwaben“ bezeichnet einen Mangel, etwa „das nötige Geld haben wir leider nicht“), ***štǫd*** „Stadt“ (***štǫdara*** „Stadtbewohner“, meist eher abschätzig gemeint)

o – [vergleichbar *o* in *Hof, Ofen* etc.]
oks „Ochse“, ***loka*** „locker“, ***loka*** „locken“, ***lokŋ*** „Locke“, ***hofa*** „hoffen“, ***dohta*** „Tochter“, ***broka*** „Brocken“, ***šdopfa*** „stopfen“, ***drošn*** „gedroschen“, ***bog*** (***o:***) „Bock“, ***grobf*** (***o:***) „Kropf“, ***mo*** „Mann“, ***brod*** „Brot“, ***ofa*** „Ofen“, ***ofa*** (***f*** fortis) „offen“, ***do*** „getan“, ***dorad*** „taub“, ***dro*** „daran“ (***dǫ is was dro*** „da steckt ein Körnchen Wahrheit darin, da ist etwas daran“), ***gnobf*** „Knopf“, ***gšom*** „geschoben“, ***odl*** „Odel, Jauche“, ***sos*** (mit kurzem ***o***) „Soße, Sauce“

u – [hintere Zungenhebung, Lippenrundung, wie *u* in *Butter*]
ufa „Ufer“, ***flus*** „Fluss“, ***hund*** „Hund“, ***hunt*** „Hunde“, ***luft*** „Luft“, ***supm*** „Suppe“, ***supal*** „Süppchen“, ***buta*** „Butter“, ***butsn*** „putzen“, ***rutšn*** „rutschen“, ***druka*** „drucken, drücken“, ***gruka*** „Krücke“, ***kuma*** „kommen“, ***glupal*** „Wäscheklammer, (übertragen) Finger“, ***šluka*** „schlucken“, ***tsukal*** „kleines Stück Zucker, Lekkerbissen“, ***bruk*** „Brücke“ (auch ***bruka***), ***šlupfa*** „schlüpfen“, ***kuhl*** „Küche“, ***gšwuma*** „geschwommen“, ***bsuna*** „besonnen“ (***i hob mi bsuna*** „ich habe es mir überlegt“), ***sun*** „Sonne“ (auch oft ***d sona***), ***suma*** „Sommer“ (auch oft ***da soma***), ***dušn*** „duschen“, ***ruka*** „rücken“, ***tsruk*** „zurück“, ***tsug*** „Zug“, ***buts*** „Putz“ (***butslumpm*** „Putzlumpen“), ***dumpa*** „dunkel“, ***dum*** „dumm“, ***drum*** „großes Stück“.

2.2.3. Anmerkungen zu einzelnen Monophthongen

Die Unterscheidung von ***a*** – ***à*** – ***ǫ*** kann man gut anhand der Violinsaiten zeigen. Die Saiten einer Geige sind gestimmt als ***g*** – ***d*** – ***a*** – ***e***. Wenn beim Spiel die ***e***-Saite reißt, wird der Geiger sagen: ***jɛtsad is de e ǫ*** („jetzt ist die ***e***-Saite ab“). Sollte anschließend unglücklicherweise die ***a***-Saite reißen, so kann er sagen: ***jɛtsad is de a à no ǫ*** „jetzt ist die ***a*** auch noch ab“.

Die vorgestellten Monophthonge sind teilweise als Idealisierungen zu betrachten. Die Verteilung von ***e*** und ***ɛ*** ist keineswegs bei allen Sprechern gleich, auch die Unterscheidung der beiden Phoneme ist nicht immer gewährleistet. Über die Quantität (Länge – Kürze) der Vokale ist eigens im Anschluss an die Darstellung der Konsonanten, die auf einen gegebenen Vokal folgen, zu handeln.

Die gerundeten Vokale *ü/ö*, die aus *u/o* durch *i*-Umlaut entstanden sind, haben im ***M.*** durchweg Entrundung erfahren, z.B. ***fiks*** „Füchse", ***kena*** „können", ***meŋ*** „mögen". Marginal kommen *ü/ö* auch im ***M.*** vor, sie sind aber im System nicht fest verankert. So wird der Name der Stadt oft als *München* mit gewisser Rundung gesprochen, die Form ***miŋga*** wird in der Stadt nicht verwendet. Auch bei *Föhn* (sowohl für den warmen Südwind als auch für das Gerät zum Haartrocknen) ist durchweg eine Form mit gerundetem *ö* in Gebrauch.

In zahlreichen Einzelwörtern, in denen der Laut ***ɛ*** dialektecht ist, wird er doch als unpassend empfunden und durch ***e*** ersetzt. Während die mundartliche Form des Namens ***bɛda*** ist, wird sehr häufig nach der Schreibung *peter* verwendet. Das Verb ***bɛtn*** „beten" wird insbesondere im religiösen Zusammenhang als *betn/beten* gesprochen. Überhaupt tendieren die Sprecher dazu, ***e*** zu verwenden, wenn in der Schriftsprache *e* erscheint, während ***ɛ*** eher gebraucht wird, wenn die schriftsprachliche Entsprechung *ä* aufweist.

Dass die Aufteilung von ***ǫ*** und ***o*** nicht in allen Einzelfällen eindeutig ist, kann man folgendem Missverständnis entnehmen. Eine ältere Münchnerin geht am Hauptbahnhof zum Fahrkartenschalter, um sich – wie es jetzt heißt – ein Ticket zu kaufen. Sie sagt: ***a biletl meht i*** „eine Fahrkarte möchte ich kaufen" und fügt hinzu: ***auf gàmiš tsua dohta*** „nach Garmisch zu (meiner) Tochter". Der Beamte fragt: ***blos hi*** „nur hinwärts (= einfache Fahrt)?" Die Frau versteht ihn nicht und wiederholt ihr Anliegen: ***auf gàmiš tsua dohta***. Schon um eine Stufe unwirscher brummt der Beamte: ***blos hi***. Da holt die Frau tief Luft, sagt ***ja wenst moanst*** „ja, wenn du meinst, wenn du es so haben willst" und bläst den Beamten nahezu um. Sie hat nämlich sein ***blos hi*** „nur hinwärts?"

als ***blǫs hi*** „blase hin!“ (Infinitiv ***blǫsn*** „blasen“, zum Beispiel, um eine Kerze zum Verlöschen zu bringen) verstanden.

Die Unterscheidung zwischen (offenem) *ǫ* (***blǫsn*** „blasen“) und (geschlossenem) ***o*** (***blos*** „bloß, nur“) war für die Frau nicht deutlich genug, ist aber unzweifelhaft vorhanden. Es gibt durchaus Oppositionen: ***wǫŋ*** „Wagen“ und ***gwoŋ*** „gewogen“, ***bǫdn*** „baden“ und ***bodn*** „Boden“ etc. Vgl. auch ***d hǫsn*** – ***d hosn*** „die Hasen – die Hosen“ und ***s hàsal*** „das Häschen“ – ***s hosal*** „das Höschen“.

2.2.4. Diphthonge (Zwielaute)

Diphthonge mit *i/u* als zweitem Bestandteil werden als „steigend“ bezeichnet, „fallende“ Diphthonge haben als zweiten Bestandteil *a*:

ài – ***au*** – ***εi*** – ***ǫi*** – ***oi*** – ***ui*** (***ou***?) (steigend)
ia – ***ea*** – ***oa*** – ***ua*** (fallend)

Die Darstellung der Diphthonge mit zwei Vokalzeichen in Abfolge ist irreführend: Die Diphthonge heben in der Regel den ersten Bestandteil stärker hervor, der zweite ist schwächer. Auf keinen Fall darf man ***oa*** als ***o*** + ***a*** sprechen, der Diphthong ließe sich wohl besser als oa darstellen; ebenso sind ***ài*** und ***ǫi*** eher als ***à***^{i} und ***ǫ***^{i} anzugeben. Bei den Diphthongen fällt es meist sehr schwer, entsprechende Laute in der Schriftsprache anzugeben, da die Diphthonge teilweise keine direkten Entsprechungen aufweisen. Die Gesamtheit der Diphthonge stellt ein besonderes Merkmal für die Lautung im ***M.*** dar.

Artikulatorisch entsprechen die beiden Diphthonge ***ài*** und ***au*** den Diphthongen *ei* und *au* der Schriftsprache. Während bei ***au*** weitgehende Übereinstimmung mit *au* der Schriftsprache besteht, ist das Auftreten von ***ài*** keineswegs mit demjenigen von schriftsprachlichem *ei* identisch, und so muss man in jedem Einzelfall die Aussprache im ***M.*** sorgfältig beachten: ***ài*** entspricht schriftsprachlichem *ei* in den Fällen, da der alte Monophthong *ī* zugrunde liegt (***ràitn*** „reiten“, althochdeutsch *rītan*); darüber hinaus erscheint ***ài*** in zahlreichen Beispielen mit *oi* in der Schriftsprache (***hàid*** „heute“, gesprochen etwa *hoite*). Freilich erscheint nicht für jedes *ei* der Schriftsprache im ***M.*** der Diphthong ***ài***: Die Zahlwörter für *eins* und *zwei* lauten im ***M. oans*** und ***tswoa*** im Gegensatz zu ***dràì*** „drei".

Die beiden Diphthonge ***ài*** und ***au*** werden zuerst vorgestellt, dann folgen ***ɛi – ài – ǫi – oi – ui*** (steigend) und ***ia – ea – oa – ua*** (fallend); der seltene Diphthong ***ou*** wird kurz am Ende erwähnt. Die beiden Diphthonge ***ǫi*** (***wǫid*** „Wald") und ***oi*** (***hoits*** „Holz") sind hauptsächlich im ersten Bestandteil verschieden: ***ǫ*** ist etwas offener als ***o***. Abgesehen von ***au*** und ***ài*** haben die restlichen Diphthonge in der Schriftsprache keine unmittelbaren Entsprechungen, sie sind durchweg als Besonderheiten und Neuerungen zu betrachten. Der in der Schriftsprache auftretende Diphthong *oi* in Wörtern wie *Leute, heute* etc. ist den beiden Diphthongen ***ǫi*** und ***oi*** nicht unähnlich, schriftsprachliches *oi* hat aber einen völlig anderen Usprung als ***ǫi/oi***.

ài – [wie *ei* in [ich] *weiß, drei, reiten* etc.]
wàis „weiß (Farbe)", ***dràì*** „drei", ***ràitn*** „reiten", ***glàih*** „gleich, identisch" (***des is glàih*** „das ist identisch"), ***glài*** „gleich" (***i kim glài*** „ich komme sofort"), ***làiha*** „leihen", ***wàiha*** „weihen", ***wàihbrun*** „Weihwasser(kessel)", ***blàim*** „bleiben", ***gšàid*** „intelligent, gescheit", ***sàits*** „seid!" (***sàits štàd*** „seid ruhig!"), ***sàits*** „ihr seid" (***sàits ale dǫ*** „seid ihr alle da?"), ***wài*** „Frau, Weib", ***wài*** „weil", ***dawài*** „in der Zwischenzeit, derweil", ***bàidl*** „Beutel" (***gɛidbàidl*** „Geldbeutel", auch etwa ***gɛbàil***), ***hàid/hàint*** „heute", ***gràisli*** „hässlich, abscheulich", ***fàin*** „fehlen" (***do fàid si niks*** „da fehlt nichts, da geht nichts ab"), ***gràits*** „Kreuz" (althochdeutsch *kruzi*, entlehnt von lateinisch *crux crucis*, mittelhochdeutsch *kriuz*, ursprünglich religiöser Begriff, dann auch in der Bedeutung „Rücken" und weiterhin „Plage"), ***gràits und gwea*** „in verschiedene Richtungen, kreuz und quer", ***kàiha*** „husten, keuchen", ***hàisa*** „Häuser", ***hàisal*** „kleines Haus, auch Klo", ***bàih*** „Bäuche", ***bàihal*** „Bäuchlein", ***fàist*** „Fäuste", ***šlàih*** „Schläuche", ***hàital*** „Häutchen", ***sài*** „Schweine", ***làid*** „Leute", ***làidl*** (Anrede in vertrauter Umgebung), ***làis*** „Läuse", ***màis*** „Mäuse", ***dàišn*** „täuschen", ***mài*** „Mund, Maul", ***gràin*** „krallen", ***šwàiwal*** „Schwälbchen", ***fàia*** „Feuer", ***dàia*** „teuer", ***šàiha*** „(ver)scheuchen", ***fràid*** „Freude",

dafàid „verfault“, ***dàife*** „Teufel“, ***dàifal*** (Diminutiv) „Teufelchen“, ***tsàig*** „Zeug“, ***tsàigl*** (Diminutiv, eher wertlose Dinge), ***làihtn*** „leuchten“, ***dàiksl*** „Deichsel“, ***àih*** „euch“, ***àia*** „euer“, ***nài*** „neu“, ***nàin*** „9“, ***štàia*** „Steuer“, ***dàitš*** „deutsch“, ***fràint*** „Freunde“, ***fràintal*** „Freundchen“ (meist eher drohend), ***kàiwal*** „Kälbchen“, ***fàigal*** „Veilchen“, ***sàiwan*** „säubern“, ***mài*** „Monat Mai“, ***hàia*** „dieses Jahr, heuer“ (ahd. *hiuru*, zusammengezogen aus *hiu jaru* „in diesem Jahr“), ***hài*** „glatt“ (***hàid is hài*** „heute ist es glatt, rutschig“, ***hài*** ist sehr selten geworden), ***gnàisn*** „merken, verstehen, begreifen“ (wäre schriftsprachlich *geneusen*), ***glàis*** „Gleis“, ***wàitsn*** „Weizenbier“ (aber ***woats*** „Weizen“)

au – [wie *au* in *bauen, Mauer* etc.]
sau „Schwein, Sau“, ***bauh*** „Bauch“, ***sauwa*** „sauber“, ***glaum*** „klauben“, ***glaum*** „der Glaube“ (aber meist ***glàm*** „glauben“, ***des glàw i ned*** „das glaube ich nicht“), ***haus*** „Haus“, ***šraum*** „Schraube“, ***haum*** „Haube“, ***maua*** „Mauer“, ***sausn*** „laufen“, ***štraus*** „Strauß“, ***baun*** „bauen“, ***haun*** „schlagen, hauen“, ***kaun*** „kauen“, ***graud*** „Kraut“, ***auf*** „auf“, ***aufi*** „hinauf“ (häufig ***àfi***), ***aufa*** „herauf“ (häufig ***àfa***), ***ausi*** „hinaus“, ***ausa*** „heraus“

ɛi – [etwa wie *ä* in *Mädel* mit unmittelbar folgendem Nachschlag von *i*; *a* in englisch *ape* „Affe“, *wave* „Welle“ etc. ist ähnlich, aber der Anlaut von ***ɛi*** (***ɛi***) ist eher offen]
mɛi „Mehl“, ***štɛin*** „stellen, stehlen“, ***fɛid*** „Feld“, ***gɛib*** „gelb“ (***gɛiwe ruam*** „gelbe Rüben, Karotten“), ***ɛi*** „Öl“, ***ɛin*** „ölen“ (wird gemieden, ***àišmian*** oder ***ölen***, ebenso meist ***öl*** „Öl“), ***salǫdɛi*** „Salatöl“, ***wɛik*** „welk“, ***ɛitan*** „Eltern“, ***ɛita*** „älter“, ***kɛitn*** „Kälte“, ***kɛita*** „kälter“ (Komparativ zu ***kǫid*** „kalt“), ***ɛif*** „11“, ***tswɛif*** „12“, ***bɛitsn*** „veredeln, auf der Haut liegen“, ***gɛi*** „gel(t)“ (Bestätigung: ursprünglich es möge gelten, also „es gelte“), ***wɛid/wɛit*** „Welt“, ***tsɛit*** „Zelt“, ***hɛi*** „hell“, ***hɛi*** „Hölle“, ***mɛika*** „melken“, ***sɛi*** „Seele“, ***alasɛin*** „Allerseelen“, ***de ama sɛin*** „die armen Seelen“, ***kamɛi*** „Kamel“, ***bɛin*** „bellen“, ***karusɛi*** „Karusell“, ***forɛin*** „Forelle“, ***wɛin*** „Welle“, ***kapɛin*** „Kapelle“, ***tsɛin*** „zählen“, ***hɛifte*** „Hälfte“, ***fatsɛin*** „erzählen“, ***sɛitn*** „selten“, ***gwɛin*** „Quelle“, ***gwɛin*** „quellen“, ***šnɛi*** „schnell“, ***sɛiwa*** „selbst“, ***gɛid*** „Geld“, ***mɛidn*** „melden“, ***hɛim*** „Helm“, ***fɛiŋ*** „Felge“, ***gɛib*** „gelb“

ui – [am ehesten mit *ui* in *pfui* vergleichbar]
šui „Schule", ***štui*** „Stuhl", (***i***) ***štui*** „(ich) stehle", ***štui*** „Stiel", ***fui*** „viel" (***fui tsfui gfui*** „viel zu viel Gefühl"), ***špuin*** „spielen", (***ǫ***) ***špuin*** „(ab)spülen", ***duipn*** „Tulpe", ***gduid*** „Geduld", ***šuid*** „Schuld", ***duid*** „Dult", ***buifa*** „Pulver", ***buidl*** „Bildchen", ***kuif*** „Gehilfe", ***wanui*** „Vanille", ***tsui*** „Ziel", ***suits*** „Sülze", ***bɛdasui*** „Petersilie", ***bruin*** „brüllen", ***bruin*** „Brille", ***duin*** „Delle", ***sui-wan*** „silbern", ***abrui*** „April", ***duih*** „durch", ***muih*** „Milch", ***wuid*** „wild". Der Diphthong ***ui*** ist der Schriftsprache fremd, daher werden gerne Folgen wie ***fui tsfui gfui*** („viel zuviel Gefühl") verwendet, um das ***M.*** zu charakterisieren.

oi – [ähnlich *oy* in englisch *boy* „Knabe", Anfangslaut aber *o*]
foi „voll" (***a fois glàsl*** „ein volles Gläschen"), ***woi*** „Wolle", ***goid*** „Gold", ***woif*** „Wolf", ***woifgaŋ*** „Wolfgang", ***hoits*** „Holz", ***hoits*** „holt" (Imperativ: ***hoits as hoits*** „holt das Holz!"), ***foiŋ*** „folgen", ***woikn*** „Wolke", ***ghoifa*** (***koifa***) „geholfen", ***woin*** „wollen", (***ia***) ***woits*** „(ihr) wollt", ***soin*** sollen", (***du***) ***soist*** „du sollst", ***soidǫd*** „Soldat", ***blumakoi*** „Blumenkohl", ***roin*** „rollen", ***roin*** „Rolle", ***roibron*** „Rollbraten", ***gštoin*** „gestohlen", ***foik*** „Volk" (in vielen Kontexten aber durchaus ***folk*** in Annäherung an die schriftsprachliche Form *Volk*), ***moiŋ*** „Morgen", ***gšwoin*** „geschwollen", ***hoih*** „höre zu" (wohl aus ***hor(i)h*** zu ***hoaha*** „hören, zuhorchen")

ǫi – [ähnlich *oy* in englisch *boy* „Knabe", Anfangslaut aber offen; ***ǫi*** ist ähnlich *oi* in *heute, Häuser, Häute* etc. ***ǫi*** nähert sich dem Dipththong ***oi***, die beiden Diphthonge fallen aber nicht zusammen]
ǫis „als" (-***s*** lenis), ***ǫis*** „alles" (-***s*** fortis): ***ǫis*** „als" – „alles" sind ein Minimalpaar (***ǫis a lera*** „als Lehrer" – ***ǫis guade*** „alles Gute!"), ***mǫin*** „mahlen, malen", ***hǫis*** „Hals", ***amǫi*** „einmal, irgendwann", ***nomǫi*** „noch einmal", ***štǫi*** „Stall", ***fǫi*** „Fall", ***kanǫi*** „Kanal", ***wǫifat*** „Wallfahrt", ***sǫids*** „Salz", ***sǫitsn*** „salzen", ***bǫid*** „bald", ***bǫi*** „wenn" (Konjunktion ***bǫi s kema*** „wenn sie kommen"), ***wǫid*** „Wald", ***kǫid*** „kalt", ***tsǫin*** „zahlen", ***ǫid*** „alt", ***ǫita*** „Alter", ***kǫib*** „Kalb" in ***kǫibshàksn*** „Kalbshaxe" (häufiger Diminutiv ***kàiwi*** „Kalb"), ***hǫid*** „halt" (***des is hǫid so*** „das ist eben so, das kann man eben nicht ändern"), ***bǫi*** „Ball" (in der Bedeutung

„Tanzveranstaltung" häufiger ***bal***), ***wǫitsa*** „Walzer" (oft an die schriftsprachliche Form angenähert), ***sǫifan*** „unsinniges Zeug daherreden", ***wǫigln*** „drehen, walzen", ***hǫitn*** „halten" (***hǫits des hoits*** „haltet dieses /Stück/ Holz!" gegenüber ***hoits des hoits*** „holt das Holz")

ia – [vergleichbar englisch *ea* in *hear* „hören" oder *ere* in *here* „hier" etc.]
gnia „Knie", ***miad*** „müde", ***gmias*** „Gemüse", ***biaha*** „Bücher", ***diaha*** „Tücher", (***es***) ***bliad*** „(es) blüht", ***biasn*** „büßen", ***hiatn*** „hüten", ***griasn*** „grüßen", ***miasn*** „müssen", ***fias*** „Füße", ***ia*** (auch ***iara***) „ihr", ***kiatsa*** „kürzer", ***kia*** „Kühe", ***griawi*** „angenehm, gemütlich", ***šiatsn*** „Schürze", ***liab*** „lieb", ***kiaha*** „Kirche", ***biaŋ*** „biegen", ***liaŋ*** „lügen", ***diaf*** „tief", ***fliaŋ*** „Fliege", ***griaŋ*** „kriegen, bekommen", ***griag*** „Krieg", ***diab*** „Dieb", ***špiagl*** „Spiegel", ***tsiagl*** „Ziegel", ***šiah*** „hässlich", ***griaha*** „kriechen", ***štiaŋ*** „Treppenhaus" (***štiaŋglandaras*** „Hund gemischter Rasse"), ***šiasn*** „schießen", ***fiawa*** „Fieber", ***gniagln*** „knien", ***giasn*** „gießen", ***wia*** „wie", ***fia*** „vier", ***briada*** „Brüder", ***briadal*** „Brüderchen", ***hiad*** „Hüte", ***hiadal*** „Hütchen", ***pfiagod*** „behüte Gott" (zum Abschied), ***biašal*** „Bürschlein", ***biawal*** „kleiner Bub, Büblein", ***fliah*** „Flüche", ***šiam*** „schieben", ***šiam*** „Schirm", ***šian*** „schüren" (***àišian*** „einheizen"), ***grias*** „Grieß", ***kiawis*** „Kürbis", ***briaf*** „Brief", ***wiaŋ*** „wiegen", ***sias*** „süß", ***šiagln*** „schielen", ***bia*** „Bier" (bei vielen Sprechern nur minimal von dem jetzt so wichtigen Begriff *Bio* in der Aussprache verschieden, *Biohotel* klingt fast wie *Bierhotel*).

ea – [vergleichbar englisch *ea* in *bear* „tragen"]
beag „Berg", ***heana*** „Hörner", ***heandl*** „Hörnchen", ***keandl*** „Körnchen", ***featig*** „fertig", ***heabst*** „Herbst", ***šeam*** „Scherbe, Gefäß", ***blean*** „laut schreien, plärren", ***eame*** „Ärmel", ***eagan*** „ärgern", ***hean*** „hören", ***ghean*** (***kean***) „gehören", ***tsεa*** „Zehe", ***neamad*** „niemand", ***eam*** „ihm, ihn", ***eana*** „ihnen", ***bleame*** „Blume", ***bleamal*** „Blümchen", (***mia***) ***dean*** „wir tun", ***grea*** „grün", ***greana*** „Anhänger der Umweltpartei", ***deandl*** „Mädchen", ***geaštl*** „Geld", ***ea*** „er", ***eam*** „ihm", ***eana*** „ihnen", ***gean*** „gern", ***weata*** „Wörter".

ua – [vergleichbar englisch *oor* in *poor* „arm"]
gnua „genug", ***guagl*** „Gurgel", ***muas*** „muss", ***buah*** „Buch", ***buaha*** „Buche", ***muatal*** „alte Frau", ***ruam*** „Rübe", ***tsuafǫi*** „Zufall", ***bua*** „Bube, Knabe", ***guad*** „gut", ***huad*** „Hut", ***šua*** „Schuh", ***dua*** „tue", ***duast*** „tust", ***ruah*** „habgieriger Mensch", ***fluah*** „Fluch", ***rua*** „Ruhe" (***mài rua wui hǫm*** „lasst mich doch in Frieden!"), ***šua*** „Schuh", ***kua*** „Kuh" (aber „Kur" in „Erholungskur" wird gleich gesprochen), ***šnua*** „Schnur" (Diminutiv ***šnial*** oft im Sinn von ***šnua*** verwendet), ***buaš*** „Bursche", ***kuats*** „kurz", ***wuatsl*** „Wurzel", ***wuašt*** „Wurst", ***duašt*** „Durst", ***šuats*** „Schürze", ***ruašn*** „in großer Eile handeln", ***fuat*** „fort, weg" (***fuatšika*** „wegschicken")

oa – [***o*** mit unmittelbar folgendem abgeschwächten ***a***: ***oa***; englisch *oa* in *soar* „aufsteigen" ist ähnlich und französisch *oi* in *foi* „Glaube" entfernt vergleichbar]
hoas „heiß", ***aloa*** „allein", ***hoam*** „Heim, heim" (***mia geŋa hoam*** „wir gehen nach Hause"), ***dahoam*** „daheim, zu Hause", ***goas*** „Geiß", ***broad*** „breit", ***doag*** „Teig", ***pfoad*** „Hemd", ***pšoadiahl*** (auch ***pšoadiahe***) „Tuch, um beim Gastmahl nicht verzehrte Speisen nach Hause mitzunehmen" (***pšoad*** ist die lautliche Entsprechung zu *Bescheid*), ***noagal*** „Getränkerest im Glas", ***goasl*** „Geißel, Peitsche", ***moar*** „Meier", ***hoasn*** „heißen", ***moasta*** „Meister", ***woas*** „(ich) weiß", ***soafa*** „Seife", ***tswoa*** „zwei", ***moana*** „meinen", ***woana*** „weinen", ***loana*** „lehnen" (***hiloana*** „hinlehnen"), ***štoa*** „Stein", ***koana*** „keiner", ***gloa*** „klein", ***boa*** „Knochen, Bein", ***boandl*** „kleiner Knochen", ***woah*** „weich", ***àiwoaka*** „einweichen", ***šoas*** „Darmwind", ***šroa*** „Schrei" (***gšroa*** „Geschrei"), ***oa*** „Ei(er)" (aber sehr wohl ***riaàia*** „Rühreier"), ***fadoam*** „verdorben", ***gštoam*** „gestorben", ***hoan*** „Horn", ***doa*** „tun".

2.2.5. Anmerkungen zu einzelnen Diphthongen

Der steigende Diphthong ***ou*** war einmal weiter verbreitet, er ist eindeutig rückläufig und wird durch ***o*** ersetzt: man kann noch ***noudi*** „notig" (in großer Not und armselig lebend) hören, das Grundwort wird aber meist ***nod*** „Not" gesprochen. ***koud*** „Erde" ist ebenfalls praktisch unbekannt.

Insgesamt können die Diphthonge als „Markenzeichen“ des ***M.*** gelten. Da sie ausgesprochen schwer erlernbar sind, wenn man nicht von Kindheit an mit ihnen vertraut ist, sind sie oft als Testmaterial verwendet worden. Auf keinen Fall darf man Diphtonge wie ***oa*** „zertrennen“ und sozusagen „zweigipflig“ als ***o-a*** artikulieren: Der zweite Bestandteil von ***oa*** ist ein flüchtig an das ***o*** sich anschießender Vokal wenig bestimmter Klangfarbe, also könnte man etwa ***o***^{a} als Symbol verwenden. Kein Diphthong liegt vor in ***te-a-ta*** „Theater“. Etwa ***hɛ-a*** „höher“ ist wohl nicht als Diphthong zu werten; dagegen liegt in ***hea*** (***kim hea*** „komm her!“) wirklich der Diphthong ***ea*** vor.

2.3. Konsonanten

2.3.1. Allgemeines

Die meisten Konsonanten haben vergleichsweise weniger Dauer als Vokale. Am deutlichsten sieht man dies bei Verschlusslauten: *k, g, t, d, p, b*. Gewisse Konsonanten kann man aber sehr wohl länger sprechen: *sssss, fffff* sind Reibelaute.

Die Konsonanten im ***M.*** gelten generell als stimmlos, auch ***s*** ist immer stimmlos. An Stelle des labiodentalen stimmhaften Reibelauts *v* des Schriftdeutschen wird ***f*** (***feas*** „Vers“, ***falentin*** „Valentin“, ***fuikan*** „Vulkan“) oder ***w*** (***wila*** „Villa“, ***wàsn*** „Vase“, ***wif*** „aufgeweckt“, ***wisum*** „Visum“) verwendet. Die Oppositionen ***b : p*** und ***d : t*** sind durch die Silbenstruktur bedingt, im Anlaut ist für den Grundwortschatz keine Unterscheidung gegeben. Dagegen bilden ***k : g*** im Anlaut eine Opposition: ***kean*** „Kern“ ***: gean*** „gern“. Im Inlaut gilt, dass nach langem Vokal ein Konsonant lenis artikuliert wird (***wi:sn*** „Wiese“), nach kurzem Vokal wird der Konsonant fortis artikuliert (***wissn*** „wissen“): ***mia wisn wo dwi:sn i:s*** „wir wissen, wo die Wiese (= Oktoberfest) stattfindet“. Eine Silbe, in der auf den kurzen Vokal ein fortis Konsonant folgt, gilt als „scharf geschnitten“; eine Silbe, in der auf einen langen Vokal ein lenis Konsonant folgt, gilt als „schwach geschnitten“. Wir finden eine Opposition von ***ǫis*** (gesprochen ***ǫiss***, scharf geschnitten) „alles“ (***ǫis guade*** „alles Gute“) und ***ǫis*** (schwach geschnitten) „als“ (***de awad ǫis a butsfrau*** „sie arbeitet als Putzfrau“).

2.3.2. Übersicht

Die Konsonanten des ***M.*** können folgendermaßen angegeben werden:

b	p	d	t	g	k
f		s	š	h	(= ch)
pf		ts	tš		
m		n		ŋ	
		l	r		
w		j			

← ↑

Die Opposition von stimmhaft und stimmlos ist schwach ausgeprägt. Es ist zweckmäßig zwischen „lenis" („weich") und „fortis" („stark") zu unterscheiden. Der lenis Konsonant ***d*** in ***doaf*** „Dorf", ***dǫg*** „Tag" ist im Anlaut stimmlos und unbehaucht zu sprechen, vergleichar etwa dem *t* in französisch *tenir* „halten". Nach einem Langvokal repräsentiert ***d*** einen lenis artikulierten alveolaren Verschlusslaut in ***feda*** „Feder", nach einem Kurzvokal tritt der fortis artikulierte Verschlusslaut ***t*** auf: ***feta*** „Vetter", ***fɛta/feta*** „fetter" (Komparativ zu ***fet/fɛt*** „fett"). Da diese Unterscheidung automatisch an den vorhergehenden Vokal geknüpft ist, kann man auch den Konsonanten in gleicher Weise angeben und lediglich beim Vokal unterscheiden: ***fèda*** „Feder" (mit Gravis) bezeichnet die schwach geschnittene Silbe, in der auf den Langvokal ein lenis Konsonant folgt, ***féda*** „Vetter, fetter" (mit Akut) bezeichnet die scharf geschnittene Silbe, in der auf den Kurzvokal ein fortis Konsonant folgt. In der wissenschaftlichen Literatur wird diese Darstellung benützt, für die vorliegenden Zwecke erscheint es dagegen geeignet, die Opposition bei den Konsonanten zu bezeichnen.

Die Substantiva ***wegal*** „kleiner Weg" und ***wekal*** „kleiner Wecken Brot" sind klar im Konsonanten unterschieden. Die Opposition ***d : t*** ist erkennbar in ***a ǫida mo*** „ein alter Mann" : ***s ǫita*** „das Alter", ***àntal : àndal*** „Entlein" : „Anderl" (zu „Andreas"), ***i red : ea ret*** „ich rede" : „er redet", ***lauda*** „lauter" (Komparativ zu ***laud*** „laut", ***red lauda*** „sprich lauter!") ***: lauta*** „lauter" („rein", ***ea ret lauta bledsin*** „er redet nur Unsinn, ausschließlich Unsinn“). Da bei ***k : g*** durch Beispiele wie ***kean*** „Kern“ und ***gean*** „gerne“ eine Opposition zwischen fortis und lenis Konsonant erweisbar ist, ist es wohl erlaubt, auch bei ***b : p*** und ***d : t*** die entsprechende Unterscheidung anzusetzen.

k ist aspiriert und wird oft als ***k***^{h} angegeben. ***pf, ts*** und ***tš*** werden ebenso wie ***š*** als eigene Phoneme angesetzt. Logischerweise müsste man zumindest im Anlaut, der nur ***b-*** und ***d-*** kennt, auch ***bf-/ds-*** schreiben. Aus praktischen Gründen werden die Affrikaten aber durchweg als ***pf-/ts-*** angegeben. ***w*** ist immer bilabial (ohne Reibegeräusch) zu sprechen, ähnlich dem *w* im Englischen. ***j*** hat die Funktion eines halbvokalischen ***i*** (ohne Reibegeräusch). In vielen Fällen ist bei der Darstellung von Konsonanten im Inlaut eine gewisse Orientierung an der Schriftsprache erfolgt, wodurch wohl die Lesbarkeit erleichtert wird, die Genauigkeit der Umschrift aber leidet. Besonders ist zu beachten, dass ***h*** zwar im Anlaut dem geschriebenen Hauchlaut *h* von *haben* etc. entspricht, im In- und Auslaut -***h-*** aber deutlich als Reibelaut zu sprechen ist, -***h***- im Inlaut und Auslaut hat die Funktion von *ch* in Wörtern wie *lachen, Dach*, die im ***M.*** als ***laha*** und ***dǫh*** erscheinen. In der Darstellung der Laute im ***M.*** ist ***-h-*** nie funktionslos wie etwa in *sehen, gehen* etc. ***r*** ist leicht gerolltes Zungen-*r*, in vorkonsonantischer Stellung wird ***r*** jedoch weitgehend vokalisiert. Verdopplung von Konsonantenzeichen wird nicht verwendet. ***s*** ist in allen Positionen stimmlos, freilich wird der Zischlaut nach einem kurzen Vokal fortis gesprochen (***wisn*** [wissen] „wissen“), nach einem langen Vokal dagegen lenis (***d wisn*** [wi:sn] „die Wiese“).

j und ***w*** bezeichnet man am besten als Halbvokale, es ist besonders beachtenswert, dass sie im Anlaut wie Vokale wirken, es heißt etwa ***djǫgd*** „die Jagd“ und ***dwaš*** „die Wäsche“ ebenso wie ***dàntn*** „die Ente“ im Gegensatz zu konsonantisch anlautenden Wörtern wie ***brukn*** „die Brücke“ (< ***d brukn***), bei denen die Form des bestimmten Artikels assimiliert wird. Die gleiche Regelung gilt für ***r/l***: ***drua*** „die Ruhe“, ***druam*** „die Rüben“, ***dleŋ*** „die Länge“, ***dlefe*** „die Löffel“ etc.

2.3.3. Die einzelnen Konsonanten

b – [bilabial, stimmlos, lenis, wie *b* in *Baum*]

bàm „Baum, Bäume", ***bɛsn*** „Besen", ***bon*** „Boden", ***bǫn*** „baden", ***buta*** „Butter", ***bua*** „Bube, Knabe", ***bɛtn*** „beten", ***bet*** „Bett, Liegestatt", ***bsuah*** „Besuch", ***babia*** „Papier", ***bǫ*** „Paar", ***bàsn*** „passen", ***beh*** „Pech", ***bemsl*** „Pinsel", ***bost*** „Post", ***bata*** „Pater", ***bɛda*** „Peter", ***brobian*** „versuchen, probieren" (***brobia s nomǫi*** „versuche es noch einmal!"), ***aubiŋ*** „Aubing", ***šwàbiŋ*** „Schwabing" (seltener ***auwiŋ*** und ***šwàwiŋ***)

pf – [könnte auch als ***bf*** umschrieben werden, Verschlusslaut mit an der gleichen Artikulationsstelle gebildetem Reibelaut (Affrikata), *pf* in *Pfanne*]

pfana „Pfanne", ***pfɛfa*** „Pfeffer", ***pfoad*** „Hemd", ***pfiŋstn*** „Pfingsten", ***pfund*** „Pfund", ***dropfa*** „Tropfen", ***hàihupfa*** „Heuschrecke", ***apfe*** „Apfel", ***epfe*** „Äpfel", ***àpfal*** („kleiner Apfel"), ***kopf*** „Kopf", ***kepf*** „Köpfe", ***trumpf*** „Strumpf", ***štrimpf*** „Strümpfe"

p – [stimmlos, fortis, wie *p* in französisch *Paul*]

lumpn „Lumpen", ***supm*** „Suppe", ***supal*** „Süppchen", ***kampe*** „Kamm", ***lampe*** „Lämmchen", ***dɛp*** „Dummkopf", ***wɛps*** „Wespe", ***ǫipm*** „Alpen", ***pitsa*** „Pizza", ***poni*** „Pony", ***šprǫh*** „Sprache"

d – [dentaler Verschlusslaut, stimmlos, lenis, wie *d* in *Dach*]

dǫh „Dach", ***deha*** „Dächer", ***dɛp*** „Depp, Dummkopf", ***dɛpad dapad***„ ungeschickt, blöd", ***dorad*** „schwerhörig, taub" (schriftsprachlich *töricht*), ***deŋka*** „denken", ***duašt*** „Durst", ***dràì*** „3", ***drefa*** „treffen", ***drum*** „Trumm, großes Stück" (vermutlich ursprünglich „Brocken"), ***dramban*** „Trambahn, Straßenbahn", ***feda*** „Feder", ***bruada*** „Bruder", ***màdl*** „Mädchen", ***ràdl*** „Fahrrad" (auch ***ràl***), ***i lǫd*** „ich lade" (Infinitiv ***lǫn*** „laden"), ***i red*** „ich rede" (Infinitiv ***ren*** „reden"; zum Schwund von ***-d-*** vgl. ***nǫl*** „Nadel", ***nul*** „Nudel"), ***dintn*** „Tinte", ***šrid*** „Schritt" (***i*** gelängt, doch ***šrit*** „Schritte"), ***ǫid*** „alt", ***guad*** „gut", ***huad*** „Hut", ***hiad*** „Hüte"

ts – [Verschlusslaut ***t*** mit unmittelbar folgendem ***s*** (Affrikata), wie z in *Zaun*]

tsaun „Zaun", ***tsan*** „Zahn", ***tsedl*** „Zettel" (auch ***tsel***), ***tsiagl***

„Ziegel“, ***tswoa*** „2“, ***tswika*** „zwicken“, ***kàtsal*** „Kätzchen“, ***bàtsi*** „Bazi, (leichter) Betrüger“, ***fɛtsn*** „Fetzen“, ***butsn*** „putzen“, ***blitsn*** „blitzen“, ***wetsn*** „wetzen“, ***brotsn*** „prahlen“, ***bretsn*** „Bretze“, ***šnitsl*** „Schnitzel“, ***sitsn*** „sitzen“, ***dantsn*** „tanzen“, ***dants*** „Tanz“, ***sǫids*** „Salz“, (***sǫitsn*** „salzen“, ***gsǫitsne bràise*** „sehr hohe Preise“), ***kats*** „Katze“, ***wits*** „Witz“, ***blǫts*** „Platz“, ***blàts*** „Plätze“, ***brots*** (***o:***) „große Kröte, Prunk“

tš [***t*** mit unmittelbar folgendem ***š*** (Affrikata)]
rutšn „Rutsche, rutschen“, ***tswetšgŋ*** „Zwetschge“, ***ràtšn*** „sich unterhalten“, ***hàtšn*** „etwas schwerfällig gehen“, ***hatšia*** „Hartschier, Hatschier“

t – [dentaler Verschlusslaut, stimmlos, fortis, wie *t* in französisch *tour*]
fintn „finden“, ***bintn*** „binden“, ***hent*** „Hände“, ***buta*** „Butter“, ***loata*** „Leiter“, ***bɛtn*** „beten“, ***bet*** „Bett“, ***fata*** „Vater“, ***feta*** „Vetter“, ***latn*** „Latte“, ***kutn*** „Kutte“, ***huastn*** „husten“, ***dintn*** „Tinte“, ***hǫitn*** „halten“, ***kɛitn*** „Kälte“, ***gatn*** „Garten“ ***štean*** „Stern“, ***štɛka*** „Stecken, Spazierstock“

Im Anlaut kommt ***t-*** bei Wörtern vor, die erst im Laufe der neueren Zeit ins ***M.*** eingedrungen sind: ***tɛ*** „Tee“, ***tante*** „Tante“, ***tuanen*** „turnen“; in zahlreichen Fällen liegt Angleichung an die Schriftsprache vor, z.B. ***teata*** „Theater“ etc.

g – [Verschlusslaut am Gaumen, stimmlos, lenis, wie *g* in *Gans*]
gans „Gans“, ***gens*** „Gänse“, ***gem*** „geben“, ***goas*** „Geiß“, ***guad*** „gut“, ***glàm*** „glauben“, ***glàm*** „klauben, sammeln, lesen“, ***gnua*** „genug“, ***gremes*** „Leichenschmaus“, ***grea*** „grün“, ***gwina*** „gewinnen“, ***šwǫga*** „Schwager“, ***wàgal*** „Wägelchen“, ***eagan*** „ärgern“, ***aug*** „Auge“, ***dǫg*** „Tag“, ***doag*** „Teig“, ***tsàig*** „Zeug“, ***bǫig*** „Balg“, ***i sǫg*** „ich sage“, ***nǫgl*** „Nagel“, ***fogl*** „Vogel“, ***bigln*** „bügeln“, ***gneht*** „Knecht“, ***gnia*** „Knie“, ***glawia*** „Klavier“, ***glinik*** „Klinik“, ***grokodui*** „Krokodil“, ***gloa*** „klein“, ***gropf*** „Kropf“, ***gràfe*** „wertloses Zeug, Geraffel“ (zu raffen), ***gnopf*** „Knopf“, ***glokŋ*** „Glocke“, ***glump*** „wertloses Zeug, Glump“, ***gripal*** „Krippe (figürliche Darstellung der Weihnachtsgeschichte und anderer Themen)“, ***sǫg*** „Sack“, ***dreg*** „Dreck“, ***špeg*** „Speck“, ***štrig*** „Strick“, ***rog*** „Rock“, ***gmias*** „Gemüse“

ŋ – [wie *ng* in *Gesang*, ***ŋ*** entsteht beim Zusammentreffen von ***n*** und ***g*** und kommt im Anlaut nicht vor]
grǫŋ „Kragen“, ***sǫŋ*** „sagen“, ***biaŋ*** „biegen“, ***liaŋ*** „lügen“, ***frǫŋ*** „fragen“, ***gàiŋ*** „Geige“ (auch „Geige spielen“), ***dauŋ*** „taugen“ (***wǫs soi des dauŋ*** „wozu soll dies gut sein“), ***auŋ*** „Augen“, ***lauŋ*** „Lauge“, ***fliaŋ*** „Fliege“ (auch „fliegen“), ***hàiŋ*** „Heu wenden“ (***rum hàiŋ*** „unsystematisch arbeiten“), ***reŋa*** „regnen“, ***štiaŋ*** „Stiege, Treppe“, ***šlaŋa*** „Schlange“, ***moaŋ*** „morgen“ (***guad moaŋ*** „guten Morgen“, auch ***guad moiŋ***); ***n*** und ***ŋ*** kontrastieren in ***bon : boŋ*** „Boden“ : „Bogen, gebogen“

k – [Verschlusslaut am Gaumen, stimmlos, fortis, wie *k* in *kugel*]
kopf „Kopf“, ***kàs*** „Käse“, ***kegl*** „Kegel“, ***kind*** „Kind“, ***kugl*** „Kugel“, ***kafɛ***„Kaffee“, ***aka*** „Acker“, ***sǫkt*** „sagt“, ***šteka*** „Stecker“, ***štɛka*** „Stecken, Spazierstock“, ***broka*** „Brocken“, ***soka*** „Socke“, ***druka*** „drücken“, ***laka*** „Pfütze, Wasserlache“, ***loka*** „locker“, ***brekl*** „Bröckchen“, ***brekal*** „Bröckchen“, ***štikl*** „Stückchen“, ***seks*** „6“, ***waksn*** „wachsen, waxen“, ***oks*** „Ochse“, ***karaš*** „Garage“, ***weksl*** „Wechsel“, ***sikst*** „(du) siehst“, ***tsiakst*** „(du) ziehst“, ***niks*** „nichts“, ***ek*** „Ecke“ (***s ek*** „die Ecke“), ***sek*** „Säcke“ (Singular ***sǫ:g*** „Sack“), ***štek*** „Stöcke“ (Singular ***što:g***„Stock“), ***rek*** „Röcke“ (Singular ***ro:g*** „Rock“), ***brukŋ*** „Brücke“ (auch ***bruk***), ***tsuka*** „Zucker“, ***glinik*** „Klinik“, ***grokodui*** „Krokodil“.

Im Wortanlaut entsteht ***k-*** durch Assimilierung von ***g-*** an nachfolgendes ***-h-***: ***kabd*** „gehabt“ (zu ***ham*** „haben“), ***koifa*** „geholfen“ (zu ***hɛifa*** „helfen“), ***kean*** „gehören“ (***des kead mia*** „das gehört mir“), ***kead*** „gehört“ (***i hǫb niks kead*** „ich habe nichts gehört“), ***ksǫkt*** „gesagt“.

f – [Reibelaut, labiodental, je nach Silbenschnitt fortis oder lenis, wie *v* in *Vater*]
fata „Vater“, ***fǫn*** „Faden“, ***feda*** „Feder“, ***feta*** „Vetter“, ***fiš*** „Fisch(e)“, ***fogl*** „Vogel“, ***gfuntn*** „gefunden“, ***gfaŋgt*** „gefangen“, ***gfui*** „Gefühl“, ***ofa*** „Ofen“ (***-f-*** lenis), ***ofa*** „offen“ (***-f-*** fortis, Vokal kurz), ***hàfa*** „Haufen“, ***làfa*** „laufen“, ***kàfa*** „kaufen“, ***šlafa*** „schlafen“, ***weafa*** „werfen“, ***semf*** „Senf“ (auch ***semft***), ***briaf*** „Brief“, ***doaf*** „Dorf“, ***diaf*** „tief“

m – [bilabialer Nasallaut, Luft entweicht durch Nase, wie *m* in *Mutter*]
mo „Mann", ***muada*** „alte Frau" (wird kaum mehr im Sinn von „Mutter" verwendet), ***muata*** „Mutter", ***muih*** „Milch" (auch ***mile*** „Milch"), ***kema*** „kommen", ***nema*** „nehmen", ***mitn*** „Mitte", ***gmias*** „Gemüse", ***dum*** „dumm", ***wuam*** „Wurm", ***grǫm*** „Graben", ***gem*** „geben", ***šiam*** „schieben", ***ruam*** „Rübe"

n – [dentaler Nasallaut, Luft entweicht teilweise durch Nase, wie *n* in *Nase*]
nama „Name", ***kena*** „kennen, können", ***hena*** „Henne", ***hand*** „Hand", ***nǫgl*** „Nagel", ***šnàin*** „schneiden", ***mesna*** „Mesner", ***gnua*** „genug", ***moana*** „meinen", ***pfàndl*** „Pfännchen", ***bintn*** „binden", ***gean*** „gern", ***bǫn*** „baden", ***wetn*** „wetten", ***dràn*** „drehen", ***màn*** „mähen", ***štràn*** „streuen", ***tsitan*** „zittern", ***neamd*** „niemand", ***ned*** „nicht"

s – [immer stimmlos, wie *-ss-* in *Wasser*, nicht wie *s-* in (schriftsprachlich) *Suppe*]
sǫg „Sack", ***sek*** „Säcke", ***sauwa*** „sauber", ***soin*** „Sohle", ***bsuaha*** „besuchen", ***kàs*** „Käse", ***kàsig*** „blass, bleich" (lenis), ***wasa*** „Wasser" (fortis), ***mesa*** „Messer", ***mɛs*** „Messe", ***mesna*** „Mesner", ***wisn*** „Wiese" (***i:***), ***wisn*** „wissen", ***lasn*** „lassen"

š – [Zischlaut, immer stimmlos, wie *sch* in *Schiff, Tisch, Schande, Schuster* etc.]
šǫd „schade", ***še*** „schön", ***šaim*** „Scheibe", ***špàd/špɛd*** „spät", ***štras*** „Straße", ***špeg*** „Speck", ***štum*** „Stube", ***šmǫits*** „Schmalz", ***šmid*** „Schmied", ***šwesta*** „Schwester", ***šraum*** „Schraube", ***gšpant*** „gespannt", ***gšpruŋa*** „gesprungen", ***gšrim*** „geschrieben"

l – [Liquida, wie *l* in *lachen, lieb, blau*]
liab „lieb", ***hola*** „Holunder", ***blau*** „blau", ***dridšla*** „umständlicher und wenig zielstrebiger Mensch", ***gloa*** „klein", ***šnakla*** „Schluckauf", ***weln*** „wedeln", ***gšweal*** „Gesindel", ***gwual*** „Gewimmel", ***nǫgl*** „Nagel", ***gnedl*** „Knödel", ***fišln*** „nach Fisch riechen", ***ràdl*** „Fahrrad" (auch ***ràl***), ***ràdal*** „Rädchen", ***buidl*** „Bildchen", ***nǫdl*** „Nadel" (auch ***nǫl***), ***nudl*** „Nudel" (auch ***nul***).

r – [Zungenspitzen *r*, leicht gerollt]
ràdl „Fahrrad", ***ruam*** „Rübe", ***riŋ*** „Ring", ***rund*** „rund", ***ruas*** „Ruß", ***ràiwa*** „Räuber", ***broad*** „breit", ***šràim*** „schreiben", ***dorad*** „taub".

In vorkonsonantischer Stellung ist ***r*** meist zu ***a*** geworden (***šteam*** „sterben"). In denjenigen Fällen, da das ***r*** zumindest andeutungsweise artikuliert wird, kann ein hochgestelltes ʳ gesetzt werden: ***ea wǫʳ*** „er war", ***ea wàʳ*** „er wäre"

w– [bilabial wie *w* in englisch *water*, ohne Reibegeräusch, nicht labiodendal wie in der Schriftsprache]
wind „Wind", ***wasa*** „Wasser", ***wisn*** „Wiese", ***wisn*** „wissen", ***tswoa*** „zwei", ***gǫwe*** „Gabel", ***šnǫwe*** „Schnabel", ***hewe*** „Hebel", ***lewa*** „Leber", ***biwa*** „Biber", ***tsuwa*** „Zuber", ***kiwe*** „Kübel", ***ràiwa*** „Räuber", ***awa*** „aber", (***mài***) ***liawa*** „(mein) Lieber", ***šwàiwal*** „Schwälbchen", ***šràiwal*** „Schräubchen", ***kàiwal*** „Kälbchen", ***newe*** „Nebel", ***hǫw i*** „habe ich", ***giw i*** „gebe ich", ***awad*** „Arbeit", ***awadn*** „arbeiten", ***hǫiwad*** „halb" („halbert"), ***ǫwe*** „hinunter" (ab-hin), ***ǫwa*** „herunter" (ab-her), ***šɛwan*** „krachen, scheppern" (***s šɛwad*** „es scheppert"), ***owaht*** „Vorsicht" (***gib owaht*** „pass auf, sei vorsichtig").

j – [Halbvokal, nicht direkt konsonantisch wie in *jetzt*, eher vokalisch *i*]
jǫŋ „jagen", ***juŋ*** „jung", ***jàman*** „jammern"

h – [im Anlaut wie *h* in *hier*, im Inlaut jedoch deutlicher Reibelaut, ***hoh*** ist etwa wie *hoch* zu sprechen; wenn ***-h***(-) geschrieben wird, ist jeweils der Reibelaut gemeint, selbst wenn dieser in der schriftsprachlichen Entwicklung geschwunden ist, z.B. ***fih*** (fich) „Vieh"]
haus „Haus", ***hoin*** „holen", ***hime*** „Himmel", ***hàme*** „Hammel"; dagegen mit der Lautung von schriftsprachlichen *ch*: ***laha*** „lachen", ***gšiht*** „Geschichte, Erzählung", ***baha*** „backen", ***draha*** „Drachen", ***breha*** „brechen", ***koha*** „kochen", ***maha*** „machen", ***suaha*** „suchen", ***tsɛha*** „Zehe", ***làiha*** „leihen", ***dàhal*** „Dächlein", ***loh*** „Loch", ***leha*** „Löcher", ***dǫh*** „Dach", ***bleh*** „Blech", ***beh*** „Pech", ***tsàh*** „zäh", ***gàh*** „jäh"; zu ***gh*** > ***k*** in ***kapt*** „gehabt", ***kean*** „gehören", ***koifa*** „geholfen", siehe unter ***k***.

2.3.4. Anpassungen an die Schriftsprache und hyperkorrekte Formen

Die Angaben in den vorhergehenden Abschmitten sind in gewissem Ausmaß idealisiert. Sprecher des ***M.*** tendieren dazu, ihre Aussprachgewohnheiten nach der Schriftsprache auszurichten. Ü und ö sind an sich dem Dialekt fremd, werden aber eingeführt, insbesondere im Namen der Stadt *München.* ***bɛtn*** „beten" (mit kurzem ***ɛ*** in scharf geschnittener Silbe) wird unter dem Einfluss der Schriftsprache durch *betn* (mit langem *e:*) ersetzt. ***teata*** „Theater" wird angeglichen, zweigipflig ***e-a*** und mit deutlich stimmlos aspiriertem ***t. wàitsn*** „Weizenbier" hat niemals ***oa***, obwohl der „Weizen" lautgeschichtlich richtig ***da woats*** heißt (althochdeutsch *hweizi*); bei ***wàitsn*** wird wohl auch ***wàisbia*** „Weißbier" mitspielen, und ***wàis*** hat nicht den Diphthong ***oa*** (althochdeutsch *hwīz* „weiß"). Einzelwörter wie ***wi:š*** „(verächtlich) Schriftstück, Formular" bewahren die lautlich regelrechte Länge mit schwach geschnittener Silbe, dagegen hat ***wiš*** in ***fedawiš*** „Federwisch, Flederwisch" meist kurzes ***i***.

Manche Lautungen wie ***kà:s*** bleiben nur in Nischen erhalten – ***red ned so an kàs dahea*** „rede nicht solchen Schwachsinn!", im Geschäft kann man wohl nur *Käse* (gesprochen ***kɛs*** – ***kɛse***) verlangen. Verhältnismäßig konstant ist ***lewakàs*** „Leberkäs". ***kàs*** „Käse" beruht auf Entlehnung von lateinisch ***caseus***, die mundartliche Form wird aber teilweise durch *Käs(e)* verdrängt, so heißt es auch meist ***kɛsekuhn*** „Käsekuchen" (allenfalls ***kɛsekuaha***) und ***butakɛs*** „Butterkäse". Dagegen ist in einigen Wendungen ***kàs*** stabil: ***da kàs is gesn*** „der Käse ist gegessen, die Sache ist erledigt", ***kàshàksn*** „Schweißfüße (wörtlich Käsehaxen)", ***pfifkàs*** „nichts damit!" (deutliche Ablehnung).

Sicherlich sagt man normalerweise ***da tsu:g*** „der Zug", diese Form ist auch allgemein gebräuchlich, *tsuh* (mit kurzem *u*) wäre eindeutig norddeutsch. Der Plural ***de tsig*** hat aber eher ein nicht ganz kurzes /i/, ebenso ist der auslautende Konsonant nicht fortis, wie von der Theorie her vielleicht zu erwarten wäre.

Lange Vokale sind hauptsächlich in einsilbigen Wörtern aufgekommen; normalerweise kann man an ahd. Formen problemlos sehen, wie die Silbenstruktur war: *fisk* war einsilbig, im Plural galt *fiska*, in der einsilbigen Form tritt Dehnung ein, in der zweisilbigen nicht. Nun heißt es ***bli:ts*** „Blitz“ mit ***i:***, dagegen ***hits*** „Hitze“ mit kurzem ***i***. Das Wort für „Hitze“ war zweisilbig (althochdeutsch *hizza*), daher trat keine Dehnung ein. Die gleiche Regelung erklärt ***bet*** „Bett“ (althochdeutsch *betti*), ***nets*** „Netz“ (althochdeutsch *nezzi*), ***wits*** „Witz“ (althochdeutsch *wizzi* „Wissen“, *wizzī* „Verstand“).

In ***dea ret awa foin*** an Stelle von *der redet aber fein* ist ***foin*** eine hyperkorrekte Form, die dadurch zu erklären ist, dass der Diphthong *oi* (meist geschrieben *eu*) in der Schriftsprache als Entsprechung im ***M. ài*** haben kann, z.B. ***hàid*** „heute“; bei ***fàin*** „fein, vornehm“ liegt freilich der Diphthong ***ài*** in gleicher Weise in der Schriftsprache und in der Mundart vor. Da aber in verschiedenen Fällen ***M. ài*** dem Diphthong *oi* der Schriftsprache entspricht (***hàid*** gegenüber *hoite* „heute“) wird ***oi*** auch bei ***foin*** eingesetzt, um mit gewisser Ironie auf die vermeintlich vornehme Artikulation hinzuweisen.

2.4. Allgemeine Entwicklungen

2.4.1. Unbetonte Silben und Vokalschwund

In der überwiegenden Mehrzahl stimmt die Silbenbetonung im ***M.*** mit der Schriftsprache überein. Im Bedarfsfall wird die betonte Silbe durch Unterstreichung markiert: ***motoa*** „Motor“ (in der Schriftsprache oft auf der ersten Silbe betont). Die Betonungsunterschiede können mehrere Gründe haben.

Bei entlehnten Wörtern wie etwa ***motoa*** wirkt die französische Endbetonung, während *Motor* (Anfangsbetonung) eher dem englischen Betonungssystem entspricht. Ähnlich ist ***dunɛi*** gegenüber *Tunnel* zu erklären. Weitere Beispiele für abweichende Betonung: ***kafɛ*** „Kaffee“, ***dawak*** „Tabak“, ***pulofa*** „Pullover“.

Die Betonung ist meist unproblematisch. Wenn erforderlich, bezeichnet _ unter dem Vokal die betonte Silbe: ***umananda*** „umeinander“, ***motoa*** „Motor“

In unbetonten Silben kommen folgende Vokale vor: ***-e fimfe*** „5“, ***tsene*** „10“ (alleinstehend), ***bene*** „Benedikt“ (identisch mit ***-i***)

-a ***feda*** „Feder", ***feta*** „Vetter", ***baua*** „Bauer". In unbetonter Silbe und im Auslaut ist ***-e*** gefallen, z.B. ***betn*** „Betten", ***bɛtn*** „beten" sind einsilbig, ebenso ***bɛt*** „gebetet".

2.4.2. Abschwächung unbetonter Vokale

Eine wichtige Besonderheit des Mittelbairischen liegt darin, dass unbetonte Silben abgeschwächt werden und weitgehend völlig schwinden.

Im unbetonten Wortauslaut kommen ***-e*** (***ahte*** „8", ***nàine*** „9", ***gǫwe*** „Gabel", ***seme*** „Semmel" etc.) und ***-a*** (***fata*** „Vater", ***muata*** „Mutter", ***baua*** „Bauer", ***kinda*** „Kinder", ***šwima*** „schwimmen", ***kema*** „kommen" etc.) vor.

Die Grundregel lautet, dass unbetonte Vokale abgeschwächt werden und schwinden. Unbetonte Vokale können sowohl vor der betonten Silbe als auch nach ihr vorkommen. Althochdeutsch *gibetot* (Partizip Perfekt zu *beton*, Betonung auf *e*) lautet auf ***M. bɛt*** „gebetet" (***i hǫb šo bɛt*** „ich habe schon gebetet"): Sowohl der vortonige als auch der nachtonige Vokal von althochdeutsch *gibetot* sind geschwunden, ein aus ***g(e)bet(o)t*** (schriftdeutsch *gebetet*) resultierendes ***gbɛtt*** wird als einsilbiges ***bɛt*** realisiert. Ebenso einsilbig ist ***gem*** „gegeben".

Gegenüber der Schriftsprache zeigt sich im ***M.*** eine hohe Zahl von einsilbigen Wörtern: ***wǫŋ*** „Wagen", ***hǫs*** „Hase", ***fan*** „fahren", ***hean*** „hören", ***sɛŋ*** „sehen" etc. Die große Zahl von einsilbigen Wörtern hat zur Folge, dass auch relativ viele gleich oder ähnlich lautende Wörter (homophone) vorkommen. ***štui*** bedeutet entweder „Stuhl" oder „Stiel", ***štɛin*** ist entweder „stellen" oder „stehlen".

Die Folge ***hǫsd as gsɛŋ*** kann dreierlei bedeuten:

1. „hast du es gesehen?" (das Haus, das Kind)
2. „hast du sie gesehen?" (die Frau)
3. „hast du sie gesehen?" (die Leute)

2. und 3. sind auch in der Schriftsprache identisch, 1. ist aber verschieden.

Apostrophe zur Andeutung, dass ein Vokal ausgefallen sei, werden nicht verwendet. Die Aufteilung in einzelne Wörter, die leider immer unvollkommen bleibt, hat zur Folge, dass teilweise auch Konsonanten wie ***s*** als ganze Wörter erscheinen: ***hǫsd as gsɛŋ*** > ***hǫsd s gsɛŋ*** „hast du es, sie gesehen?"

Bemerkenswert ist ***hemad*** „Hemd": während der unbetonte Vokal in der Schriftsprache geschwunden ist, bleibt er scheinbar im ***M.*** erhalten, das Wort kann auch als ***hemert*** aufgefasst werden; vgl. etwa ***dorad***, ***dorert*** „schwerhörig" und besonders ***nakad***, ***nakert*** „nackt". Vielleicht ist die Entwicklung so verlaufen: *hemed* > *hemd* > *hem* (so in der Oberpfalz), davon gebildet *hemert* als eine Art Kollektivum; vgl. ***manad***, oft im Plural ***manads***, abgeleitet von *Mann*, also etwa „die Männerleute".

Durch die Lautentwicklung sind ihrem Ursprung nach völlig verschiedene Wörter identisch geworden. Für „Kern" sagt man ***kean***. Bei dem Verb, das einem schriftsprachlichen *gehören* entspricht, sind die beiden unbetonten Vokale ausgefallen, anlautendes *gh-* wird als ***k-*** gesprochen, *ö* wird entrundet zu ***e*** und bildet mit *r* zusammen den Diphthong ***ea***, so dass die resultierende Form ***kean*** mit dem Wort für „Kern" homophon wird.

Fälle derartiger Homophonie sind im ***M.*** nicht selten. Etwa 3. Person Singular ***ea kead mia*** „er gehört" (etwa „er, der Bleistift, gehört mir") klingt gleich wie ***ea kead*** „er kehrt" („er kehrt den Boden"), entsprechend kann ***ea hǫd kead*** ebenso „er hat gehört" wie „er hat gekehrt" bedeuten. Der Kontext macht normalerweise klar, welche Bedeutung gemeint ist.

2.4.3. Konsonantenassimilierung

Durch die Abschwächung und Ausstoßung unbetonter Vokale treten Konsonanten verschiedentlich in Kontakt und erfahren dadurch Angleichungen und Reduktionen: ***i hǫb s gsǫgt ghabt*** > ***ihǫpsksǫktkapt*** „ich hatte es gesagt, wörtlich ich habe es gesagt (gehabt)". Theoretisch ist an Stelle von *die Mutter* im ***M.*** zu erwarten ***d muata***, freilich nähert sich ***d*** sehr stark dem bilabialen Nasal ***m***, wird selbst bilabial artikuliert, die Folge klingt wie ***bmuata*** > ***muata*** (***muata is kema*** „die Mutter ist gekommen"). In einer Abfolge wie *mit dem Mann(e)* schwindet das *e* des bestimmten Artikels, auf ***M.*** lautet die Folge ***mim mo*** > ***mimo***. Die

Folge ***dǫ haptsntsšnɛi ogšom*** kann als „da habt ihr ihn zu schnell angeschoben“ aufgelöst werden.

3 Lautgeschichte

3.1. Sprachgeschichte

Über den Ursprung der Sprache kann man keine zuverlässigen Aussagen machen. Die eingangs erwähnte babylonische Sprachverwirrung, die freilich nicht wörtlich zu verstehen ist, würde in jedem Fall das Bestehen einer Sprache voraussetzen. Wie sich Sprachen im Verlauf von Jahrhunderten oder gar Jahrtausenden verändert haben, kann man nur sehr teilweise nachvollziehen. Im konkreten Fall des ***M.*** sind wir in der vergleichsweise günstigen Lage, dass wir die geschichtliche Entwicklung gut und gern 1200 Jahre zurückverfolgen können: ***M.*** ist das Resultat einer Entwicklungskette, die von den frühesten Bezeugungen unserer Sprache bis zur Gegenwart reicht. Die am frühesten überlieferte Form nennen wir „Althochdeutsch", obwohl nach den Orten der Aufzeichnung „Altbairisch" besser passen würde; aber „Althochdeutsch" ist nun einmal eingeführt und wird daher beibehalten.

Zur Herkunft der Bayern gibt es verschiedene Theorien, relativ sicher ist die Ansicht, dass die Bayern eingewandert sind. Das früheste dichterische Zeugnis aus Bayern ist das „Wessobrunner Gebet", das sicherlich im ersten Viertel des 9. Jahrhunderts in eine Handschrift eingetragen wurde. Die Periode des Althochdeutschen geht etwa bis 1100, dann folgt das Mittelhochdeutsche. Wichtig für unsere Zwecke ist die Feststellung, dass das ***M.*** als Abkömmling des Althochdeutschen und Mittelhochdeutschen in entsprechender Weise zu gelten hat wie die übrigen deutschen Dialekte. Zum Vergleich werden meist Formen aus der Schriftsprache angeführt. Es muss aber klargestellt werden, dass das ***M.*** nicht ein Abkömmling der Schriftsprache ist. Daher wird in ausgewählten Fällen auf das Alt- und Mittelhochdeutsche verwiesen, um die richtige Herleitung anzugeben. Die Frage lautet jeweils: „Worin bestehen die lautlichen Besonderheiten des ***M.***, und wie sind diese im Kontrast zu anderen Ausformungen der deutschen Sprache historisch zu erklären?“ Bei dieser Fragestellung müssen wir von dem in **2.2. – 2.3.** vorgelegten Befund ausgehen. In einer Reihe von grundlegenden Werken ist die historische Grammatik des Bairischen behandelt worden. Im Folgenden werden einige Bereiche der Lautentwicklung herausgegriffen, soweit sie für das Verständnis des ***M.*** unmittelbar von Belang sind.

Es ist nützlich darauf hinzuweisen, dass die Orthograpie in der Schriftsprache in zahlreichen Einzelfällen Hinweise auf frühere Sprachzustände gibt: *Häuser* deutet noch an, dass einmal der Diphthong *au* in *Haus i*-Umlaut erfahren hat, und das zu erwartende Umlautprodukt ergibt im ***M. ài*** (***hàisa***), in der Schriftsprache dagegen *oi* (geschrieben *äu* in *Häuser*). Das ***M.*** kann kontrastiv zur Schriftsprache betrachtet werden.

Sowohl der Vokalismus als auch der Konsonantismus des ***M.*** weist beträchtliche Unterschiede gegenüber der Schriftsprache auf: Beim Vokalismus sind in erster Linie die Diphthongierungen von Belang, im Konsonantismus liegt eine Schwächung von ursprünglich stimmlosen Verschlusslauten vor. In der Schriftsprache sind die entsprechenden Entwicklungen anders verlaufen, und damit begründet sich ein großer Teil der lautlichen Besonderheiten des ***M.*** In vielen Fällen zeigt das ***M.*** weitergehende Entwicklungen als die Schriftsprache. Die Regeln sind im Einzelnen durchaus kompliziert. Lediglich einige Gesichtspunkte aus der Lautentwicklung des ***M.*** können herausgegriffen werden. Die grundlegende Behandlung der bairischen Lautgeschichte ist Kranzmayer (1956).

3.2. Vokale

3.2.1. Mittelhochdeutsche Vokale

Für eine fundierte historische Grammatik des ***M.*** dient als Ausgangspunkt die Sprachform des Mittelhochdeutschen etwa um 1100, das neun Kurzvokale, acht Langvokale und acht Diphthonge aufweist:

Kurz: a, ä, e, ë, o, ö, i, u, ü
Lang: â, æ, ê, ô, ȫ, î, û, iû
Diphthonge: ei, ou, öu, ie, uo, üe, iu, iü,

Das mittelhochdeutsche System der Vokale ist durch eine Reihe von regelhaften Vorgängen aus dem althochdeutschen entstanden, das althochdeutsche System seinerseits kann aus dem urgermanischen abgeleitet werden. Nur einige Aspekte dieses Systems werden in den folgenden Abschnitten behandelt. Die Regeln sind im Einzelnen durchaus kompliziert.

3.2.2. Der *i*-Umlaut

Ein übergreifender Vorgang wird herkömmlich als *i*-Umlaut bezeichnet. Die Wirkung des *i*-Umlauts besteht darin, dass ein *-i-* der Folgesilbe den Vokal der Wortwurzel in Richtung auf die Artikulation des *i* hin verändert. Zu althochdeutsch *gast* „Gast" lautet der Plural *gesti* „Gäste", das *-i* hat die Hebung von *-a-* > *-e-* bewirkt. In der Schriftsprache ist eine deutliche Spur des *i*-Umlauts in dem übergesetzten Zeichen „¨" bei ä, ö, ü erkennbar. Da der *i*-Umlaut im ***M.*** an zahlreichen Wirkungen zu erkennen ist, muss er kurz behandelt werden. Insbesondere sind die Fälle wichtig, in denen die Wirkung des *i*-Umlauts anders verlaufen ist als in der Schriftsprache.

i-Umlaut von ***a*** ist ***e***. Es gibt einige Sonderfälle: Zu ***ag*** „arg" lautet der Komparativ ***eaga*** „ärger", aber die Form ***iega*** (oft geschrieben *ürger*) kann man hören: ***des san de iegan de se sɛiwa bšàisn*** „das sind die Ärgsten (Dümmsten), die sich selbst betrügen". Auch bei ***keatsn*** „Kerze" kommt die Form ***kiatsn*** gelegentlich vor. In Ortsnamen wie ***ialbah*** „Irlbach" ist ***ia*** etwa geläufig im Erstbestandteil ***ial-*** „Erle". Selten ist ***iada*** „Ertag, Dienstag" geworden. Statt ***featig*** „fertig" kann man ***fiati*** „fertig" in ***sàids jetsa bǫid fiati*** „werdet ihr jetzt endlich fertig?" hören. Wenn die Folge ***-er*** + Konsonant nicht durch i-Umlaut entstanden ist, dann bleibt ***-ea-*** unverändert, z.B. ***heats*** „Herz", ***head*** „Herd" etc.

Eine Besonderheit stellt der Diphthong ***ea*** dar in ***šteana*** „Steine" (Plural zu ***štoa*** „Stein"), ***heasa*** „heißer" (Komparativ zu ***hoas*** „heiß"), ***gleana*** „kleiner" (Komparativ zu ***gloa*** „klein"), ***breadn*** „Breite". Man erwartet ***oa*** (entsprechend *ei* in der

Schriftsprache, vgl. ***broad*** „breit"), ***ea*** ist etwa nach einem Vorbild wie ***hoan*** – ***heana*** „Horn –Hörner" eingeführt worden. Bei den Komparativen mag das Vorbild von ***gros*** – ***gresa*** „groß – größer" gewirkt haben. Hier liegt mittelhochdeutsch *ei* vor, aber dieser Diphthong führt regelmäßig zu ***oa***, ein *i*-Umlaut ist bei *ei* nicht zu beobachten. Daraus folgt, dass ***ea*** sekundär aufgekommen sein muss. Der regelrechte *i*-Umlaut bei ***o*** > ***e*** (gefolgt von ***-r-***) bei ***hoan*** – ***heana*** „Horn – Hörner", ***woat*** – ***weata*** „Wort – Wörter" mag vorbildhaft gewirkt haben: ***štoa*** – ***šteana*** kann auf diesem Weg entstanden sein. Bei den Komparativen kann ***gros*** – ***gresa*** „groß – größer" vorbildhaft gewirkt haben, aber die Proportion ist unscharf.

Die Folgelaute ***k ts pf*** hindern den *i*-Umlaut: ***brukŋ*** „Brücke", ***nutsn*** „nützen", ***hupfa*** „hüpfen".

Beispiele für das Wirken des *i*-Umlauts: ***gest*** „Gäste", ***fias*** „Füße", ***grea*** „grün", ***bleame*** „Blume". Der Erstbestandteil ***iaksn*** (auch geschrieben ***irksn***) in ***iaksnšmǫits*** „Muskelkraft" weist auf eine Vorform *uohsin* zurück. Die Plurale ***tsig*** „Züge", ***bek*** „Böcke", ***hend*** „Hände", ***hàisa*** „Häuser" weisen in der Wurzelsilbe *i*-Umlaut gegenüber den Singularform ***tsug*** „Zug", ***bog*** „Bock", ***hand*** „Hand", ***haus*** „Haus" auf (**5.3.4.**).

3.2.3. Monophthonge

ε – e

Bei den Monophthongen ist das Gegenüber von ***ε*** – ***e*** bemerkenswert. In der Theorie lassen sich ***ε*** – ***e*** gut trennen: ***ε*** setzt das /e/ des Germanischen fort, das im Althochdeutschen als *ë* bezeichnet wird, *e* dagegen ist im Althochdeutschen aus /a/ unter den Bedingungen des i-Umlauts hervorgegangen. Dementsprechend finden wir ***bεtn*** „beten" (althochdeutsch *bëton*) gegenüber ***betn*** „Betten" (althochdeutsch *betti* < *batti*). Freilich treten zahlreiche Abweichungen auf: ***šwesta*** „Schwester" hat meist ***e***, obwohl ***ε*** zu erwarten ist. Auch bei ***esn*** ist von althochdeutsch *ëzzan* „essen" her anlautendes ***ε*** anzusetzen. Bei ***esn*** kann man immerhin daran denken, dass ***fresn*** „fressen" eingewirkt hat, denn bei ***fresn*** ist das ***e*** durch *i*-Umlaut aus *a* entstanden (vgl. gotisch *fra-atjan* „zum Essen austeilen") und konnte bei ***εsn*** „essen" (vgl. gotisch *itan* „essen") die Umgestaltung zu ***esn*** bewirken. In einer großen

Anzahl von Fällen lassen sich aber keine wirklich einleuchtenden Begründungen geben.

a und ***à***

Der Laut ***a*** weist unterschiedlich starke Rundung auf, die vor einem Nasal bis zu ***o*** führt: ***mo*** „Mann“ weist Rundung des ursprünglichen ***a*** vor dem Nasal auf, ***mõ*** hat die Nasalierung praktisch verloren. Unter der Voraussetzung der Vokaldehnng hat ***a*** zu ***ǫ*** geführt: ***dǫg*** „Tag“. Als Gegengleich zur Tendenz, den Vokal ***a*** zu einem ***o*** zu runden, führt die Entwicklung von mittelhochdeutsch *ä* zu einem „hellen“ ***à***, das deutlich von ***a*** verschieden ist: ***kàtsal*** „Kätzchen“ (Verkleinerungsform von ***kats*** „Katze“).

ö und ***ü***

Die durch *i*-Umlaut entstandenen Vokale *ö* und *ü* werden entrundet und fallen mit ***e*** (auch ***ɛ***) und ***i*** zusammen: ***gnepf*** „Knöpfe“, ***i mɛht*** „ich möchte“, ***kini*** „König“ (mittelhochdeutsch *künik*). Wenn man dagegen am 6. Januar von ***de hailiŋ dràì kenig*** redet, so wirkt vermutlich die schriftsprachliche Form „die Heiligen Drei Könige“ ein. Wegen der Entrundung von *ö/ü* > ***e/i*** fehlen an sich die gerundeten Vokale, sie treten aber sekundär auf. ***ö*** findet sich konsequent in dem Wort für „Föhn“, das als ***fön*** gesprochen wird. Die gleiche Aussprache gilt für den Haartrockner. Besonders stark ist die Aussprache aber bei Wörtern mit ***ü*** betroffen. Die Aussprache des Namens der Landeshauptstadt ist meist ***mühnhn*** „München“, die entrundete Form ***miŋga*** wird in der Stadt nicht verwendet.

3.2.4. Diphthonge

Im Bereich der Diphthonge ist einerseits die Bewahrung von bereits im Althochdeutschen und Mittelhochdeutschen bestehenden Diphthongen und andererseits das Aufkommen von neuen Diphthongen zu beobachten.

Im ***M.*** erscheinen die Diphthonge ***ia***, ***ua*** und ***ea*** an der Stelle von Monophthongen in der Schriftsprache. Dabei sind die diphthongischen Formen als Bewahrung zu betrachten und näher den früheren mittelhochdeutschen Verhältnissen:

diaf gegenüber *tief* mit *ī*,
guad gegenüber *gut* mit *ū*
bleame „Blümchen“ gegenüber *Blümchen* mit *ü*

Der Diphthong *ei* hat im ***M.*** zu ***oa*** geführt: ***tswoa*** „zwei“.
Weitere Diphthonge sind seit der Zeit des Mittelhochdeutschen aufgekommen durch die Diphthongierung der Langvokale *ī* und *ū*. Entsprechende Diphthongierungen sind auch in der Schriftsprache erfolgt.
ī des Mittelhochdeutschen führt zu ***ài***: *rīten* > ***ràitn*** „reiten“
Langvokal ū des Mittelhochdeutschen führt zu ***au***: *hūs* ***haus*** „Haus“

Der Diphthong ***ài*** kann ferner schriftsprachlichem *oi* (geschrieben *eu*) entsprechen. Schriftsprachliches *oi* (geschrieben *eu*) und *i* (geschrieben *ie*) weisen letztlich auf germanisch *eu* zurück. Germanisch *eu* ergibt im Althochdeutschen *io*, dies führt zu ***M. ia*** (im Gegensatz zu *i:* in der Schriftsprache): althochdeutsch *tiof* > ***M. diaf*** „tief“. Unter den Bedingungen des *i*-Umlauts ergibt germanisch *eu* im Althochdeutschen *iu* (*diutisc*), und dieses *iu* führt zu ***M. ai*** in ***dàitš*** „deutsch“ gegenüber *doitš* in der Schriftsprache. Dieser Diphthong ***ài*** ist auch regelmäßig in ***hài*** „Heu“ und ***hàid*** „heute“ (althochdeutsch *hiu tagu*).

Neue (sekundäre) Diphthonge entstehen durch die Vokalisierung von ***l*** und ***r*** **(3.4.2.)**.

Langvokal *ī* führt zu Diphthong ***ài***; dieser Vorgang ist im wesentlich mit der Entwicklung in der Schriftsprache vergleichbar.

In der Schriftsprache ist dagegen der Diphthong *ei* (> *ài*), der im ***M.*** zu ***oa*** führt, erhalten geblieben.

Das bedeutet, dass wir in der Schriftsprache den Laut *ài* antreffen, der durch Zusammenfall von zwei verschiedenen Lauten, nämlich Fortbestand von altem *ei* und Diphthongierung von *ī*, zu erklären ist: *heiß* (althochdeutsch *ei*) und *drei* (althochdeutsch *ī*). Im ***M.*** sind die beiden Laute in der Regel getrennt, es heißt ***tswoa*** „zwei“ (althochdeutsch *zwei*), aber ***dràì*** „drei“ (althochdeutsch *drī*).

Vor jedem Versuch, ein schriftsprachliches *ei* automatisch in ***oa*** zu verwandeln, muss gewarnt werden, denn dadurch können

„falsche" Formen entstehen, die den Sprecher unweigerlich als „unecht" entlarven.

Am ehesten kennzeichnend für das ***M.*** ist der Diphthong ***oa*** in Wörtern wie ***hoas*** „heiß", ***hoasn*** „heißen", ***štoa*** „Stein" etc. In der überwiegenden Mehrzahl der Fälle geht ***oa*** auf althochdeutsch *ei* zurück. Gern werden kaum gebräuchliche Wörter, in denen der Diphthong ***oa*** gleich zweimal vorkommt, als Testmaterial dafür verwendet, ob jemand das ***M.*** beherrscht: ***oahkatsl-šwoaf*** „Schweif eines Eichkätzchens" oder ***loawedoag*** „Teig, um Brotlaibchen zu machen" erfordern gewisse Zungenfertigkeit, im Alltag kommen freilich die Wörter so gut wie nie vor, in jeder Konversation sind sie absolut entbehrlich.

In Bezug auf das Vorkommen des Diphthongs ***oa*** sind noch ein paar weitere Bemerkungen nötig. Da ***oa*** als Fortsetzung von althochdeutsch *ei* gilt und althochdeutsch *ei* in der Schriftsprache normalerweise in dieser Form vorkommt, könnte man bei zahlreichen Wörtern die Lautung ***oa*** auch regelrecht erwarten. Es müssten etwa ***hàilig*** „heilig", ***flàiš*** „Fleisch", ***gàist*** „Geist", ***ràin*** „rein" etc. mit ***oa*** gesprochen werden. Die gebräuchliche Lautung ***ài*** ist wohl so zu erklären, dass diese Wörter aus einem anderen Dialekt übernommen worden sind, in dem mittelhochdeutsches *ei* erhalten geblieben ist. Bei ***hàilig*** „heilig", ***flàiš*** „Fleisch", ***gàist*** „Geist" (vielleicht auch ***ràin*** „rein") ist anzunehmen, dass sie der Kirchensprache entstammen. Auch ***àid*** „Eid" wäre als ***oad*** zu erwarten; da mag die überregionale Rechtsprechung eingewirkt haben. Richtig ist die Abfolge: ***oa oa tswoa oa dràì oa*** „ein Ei, zwei Eier, drei Eier". Als unbestimmter Artikel erscheint das Zahlwort ***oa*** reduziert zu ***a*** (**8.2.3.**), daher sind folgende Sequenzen denkbar:

naha wui i à a oa „dann will ich auch ein Ei"
naha wui a à a oa „dann will er auch ein Ei"

Der Diphthong ***oa*** ist in seiner Geltung betroht, er verliert an Boden. Man sagt ***i hoats da šo ài*** „ich werde dich schon in Schwung bringen" (mit „einheizen" in übertragenem Sinn), und ebenso heißt es ***mia miasn hoatsn*** „wir müssen heizen", wenn die Temperatur fällt. Selbst wenn ***hoas*** „heiß" und ***hoatsn*** „heizen" mit ***oa*** noch einigermaßen geläufig sind, so kommt doch der technische Begriff ***hàitsung*** „Heizung“ nur mit ***ài*** vor (***dhàitsuŋ fuŋtsioniad ned*** „die Heizung funktioniert nicht“).

Etwa ***šwoam*** in der Bedeutung „schwemmen, schwenken, spülen“ kann sich gut halten, schriftsprachlich wäre *schweiben* zu erwarten, *schweifen* ist bedeutungsmäßig nicht nah: ***šwoamas ǫwi*** bezieht sich meist auf Unangenehmes und bedeutet etwa „spülen wir es hinunter“ (um es zu vergessen).

Der Diphthong ***oa*** ist vielleicht das markanteste lautliche Charakteristikum des ***M.*** Von der schriftsprachlichen Entsprechung *ei* (*ich weiß* – ***i woas***) ist der Diphthong rein artikulatorisch weit entfernt, im Alltagsgebrauch wird er zusehends gemieden. Es ist eben nicht fein, wenn man ***i woas*** sagt.

Einige wenige Wörter haben keine wirklich gebräuchliche Entsprechung im Schriftdeutschen, daher bleiben sie gut im Gebrauch: ***noagal*** „Rest im Bierglas“ und ***foam*** „Schaum auf dem Bier“ bewahren ihre Aussprache, aber diese Wörter werden ohnehin nicht sehr häufig gebraucht. Wichtig ist jeweils, ob es eine unmittelbare Entsprechung im Schriftdeutschen gibt.

Deutlich unterschieden von *Schrei* ist ***šroa***, ***gšroa*** „Ruf“: ***wǫs makstn fia a gšroa*** „was soll denn dieses laute Rufen?“ (wörtlich „was machst du denn für ein Geschrei?“), ebenso ist das für „Wagenspur“ regelrecht zu erwartendes ***gloas*** (althochdeutsch *leisa* „Spur“) praktisch ausgestorben, das *Gleis* der Eisenbahn heißt durchweg ***glàis***.

Auch an Stelle von ***brodloab*** „Brotlaib“ sagt man meist ***brodlàib***. Da beständig von ***ràisebiro*** „Reisebüro“ und ***ualaubsràisn*** „Urlaubsreisen“ die Rede ist, gerät der Diphthong ***oa*** in ***roas*** „Reise“ in Vergessenheit; lediglich beim Verb kann man noch ***roas ned so*** „mach langsam, lauf nicht so schnell!“ hören, denn hier ist den Sprechern der Bezug zum Verb *reisen* nicht unbedingt bewusst.

Auch ***tsuagroasta*** „Zugereister“ weist regelrecht den Diphthong ***oa*** auf. Während man durchaus ***i gɛ hoam*** „ich gehe heim“ sagt, kommt bei ***hàimad*** „Heimat“ der Diphthong ***oa*** nur selten vor.

Es darf erwähnt werden, dass die lautlich zu erwartende Form ***boariš*** „bairisch“ eher als derb empfunden wird, meist sagt man ***bàiriš***. Das Land heißt ausschließlich ***bàian*** „Bayern“. Das Verb ***àiwoaka*** „einweichen“ ist relativ stabil, es ist im Konsonanten von der schriftsprachlichen Form verschieden.

Der Monatsname ***mài*** „Mai“ (althochdeutsch *meio*) dürfte die zu erwartende Lautung ***moa*** verloren haben. ***moadešpa*** für „Maikäfer“ würde die Lautung ***oa*** aufeisen, ist aber nicht mehr geläufig. Auch ***ràin*** „rein“, oft Adverb „überhaupt“ (***ràin gǫ niks*** „rein gar nichts, überhaupt nichts“) weist nicht die erwartete Lautung ***roa*** auf. Während ***màist*** „meist“ (besonders ***màistns*** „sehr oft“) kaum den Dipthong ***oa*** aufweisen, ist ***moasta*** „Meister“ durchaus geläufig. ***bšoad*** „Mitbringsel“ bewahrt ***oa***, weil das schriftdeutsche *Bescheid* nicht dazu in Beziehung gesetzt wird.

Hier ist besonders zu vermerken: Im Schriftdeutschen finden wir *ei* in den Fällen, da in früheren Sprachstufen *ī* vorlag (*drei*), aber *ei* erscheint auch als Fortsetzung von altem Diphthong *ei* (*eins, zwei*). Nur im letzteren Fall tritt im ***M.*** der charakteristische Diphthong ***oa*** auf: ***oans – tswoa – dràì***.

Ferner findet sich ***ài*** in ***hàisa*** „Häuser“ (Plural zu ***haus***). ***fàia*** ist sowohl „Feier“ als auch „Feuer“, die beiden Wörter haben ursprungsmäßig nichts miteinander zu tun: althochdeutsch *fira* „Feier“ gegenüber *fiur* „Feuer“.

ou > ***au, à***: ***glàm*** „glauben“, aber doch ***da glaubm*** „der Glaube“, ***aug*** „Auge“, ***bàm*** „Baum“. Mit ***glàm*** „glauben“ klingt ***glàm*** „klauben“ (althochdeutsch *klūbōn*, mittelhochdeutsch *klūben*) gleich, meist im Sinn von „sammeln, lesen“, ***eadepfe glàm*** „Kartoffel ernten“, ***wǫs glàbstn so umananda*** „warum hantierst du denn so unstet herum?“

ie > ***ia***: ***liaht*** „Licht“ (althochdeutsch *lioht*, mittelhocheutsch *lieht*, Monophthong in der Schriftsprache)

üe > ***ia***: ***miad*** „müde“ (althochdeutsch *muodi*, mittelhochdeutsch *müede*, gerundeter Monophthong in der Schriftsprache)

uo > ***ua***: ***guad*** „gut“, ***fuata*** „Futter“, ***muata*** „Mutter“ (in der Schriftsprache Monophthong *u*). ***ruah*** ist ein „geldgieriger, raffgieriger Mensch“, auch Bezeichnung für „Gier, Habgier“; althochdeutsch *ruohha* hat „Fürsorge, Bemühung“ bedeutet, wegen der Nähe zu dem etymologisch nicht verwandte Wort *Ruhe* ist es wohl selten geworden und lebt nur noch in *verrucht* und *geruhen etwas zu tun* fort; ***ruah*** hat zu einer Adjektivbildung ***ruahad*** „habgierig“ geführt, und auch das Verbum ***ruaha*** „habgierig sein, raffen“ kommt vor.

In der folgenden Übersicht werden auch die Diphthong ***ài*** und ***au*** aufgenommen, die aus den Monophthongen *ī* und *ū* entstanden sind und damit den Diphthongen *ai* und *au* der Schriftsprache gleichen.

Mittelhochdeutsch	***M.***	Schriftsprache
ei	***oa*** in ***hoas***	*ài* in „heiß“
ī (langes *i*)	***ài*** in ***fràì***	*ài* in „frei“
iü	***ài*** in ***làid***	*oi* in „Leute“
ū^{i} (langes *u/i*-Umlaut)	***ài*** in ***hàisa***	*oi* in „Häuser“
ū (langes *u*)	***au*** in ***haus***	*au* in „Haus“

Der Diphthong ***ou*** ist praktisch nicht mehr zu hören. Manchmal sagen Leute noch ***doud*** für „tot, Tod“, aber meist wird die schriftsprachliche Form verwendet. Ebenso ist ***roud*** für „rot“ kaum in Gebrauch. Ein weiteres Beispiel, in dem ***ou*** zu erwarten ist, stellt ***koud***, das Wort für „Erde“, dar. Auch dieses Wort ist im ***M.*** nicht mehr üblich.

Speziell bei den Konsonanten (**3.4.2.**) sind die durch Vokalisierung von ***l*** entstandenen Diphthonge auf ***ài*** (***mài*** „Mund“), ***ɛi*** (***fɛid*** „Feld“), ***ǫi*** (***hǫitn*** „halten“), ***oi*** (***hoits*** „Holz“), ***ui*** (***muih*** „Milch“) zu vermerken. Dazu kommt die Vokalisierung von ***r***, die zu ***ia*** (***bian*** „Birne“), ***ea*** (***bea*** „Bär“), ***ǫa*** (***jǫa*** > ***jǫ*** „Jahr“), ***ua*** (***kuats*** „kurz“) führt.

Unbetonte Silben sind durchweg geschwächt worden. Vereinfachend kann man sagen, dass das Althochdeutsche ein volles System an unbetonten Vokalen hatte, im Mittelhochdeutschen trat Vereinheitlichung ein, im ***M.*** letztlich erfolgte weitgehender

Schwund der unbetonten Vokale. Die Schriftsprache bewahrt zahlreiche unbetonte Vokale, die im ***M.*** gefallen sind, die Schriftsprache ist in dieser Hinsicht dem Mittelhochdeutschen näher, während das ***M.*** die konsequente Weiterentwicklung zeigt. Man darf daran erinnern, dass eine ähnliche Entwickung in der Geschichte der englischen Sprache zu beobachten ist: Altenglisch war die Sprache mit vollen Endungen („full endings"), im Mittelenglischen sind die Endungen weitgehend vereinheitlicht („levelled endings"), während sie im heutigen Englisch fehlen („lost endings").

3.3. Dehnung von Kurzvokalen und die Pfalzsche Regel

Unverändert sind die Vokale in einsilbigen Wörtern weitgehend im Norden des deutschen Sprachgebiets, wo man *„tsuh"* („*Zug*"), *„gas"* und *„glas"* (reimen mit *„Fass"*), *„tah"* („*Tag*") etc. sagt (jeweils mit kurzem *a* gefolgt von einem stimmlosen Reibelaut). Für die Stufe des Althochdeutschen ist Kürze des jeweiligen Vokals anzunehmen. Im Bairischen hat sich das System tiefgreifend verändert. In einsilbigen Wörtern wurden die Wurzelvokale gelängt. Beispiele aus dem ***M.*** für im Althochdeutschen einsilbige Wörter, deren Wurzelvokal etwa im 13. Jahrhundert gelängt wurde, lassen sich in großer Zahl anführen: ***bi:s*** „Biss", ***bli:ts*** „Blitz", ***bo:g*** „Bock", ***dre:g*** „Dreck", ***fle:g*** „Fleck", ***bu:ts*** „Putz", ***i:s*** „ich esse, iss!" (Imperativ), ***ro:g*** „Rock", ***di:š*** „Tisch", ***fi:š*** „Fisch", ***šu:s*** „Schuss", auch ***gà:s*** „Gas".

Die Diphthonge in ***goas*** „Geiss", ***fuas*** „Fuß" etc. wird man ebenfalls als vergleichsweise lang betrachten. Der auf den Langvokal folgende Konsonant wird lenis artikuliert, was am einfachsten an den Beispielen ***dre:g*** „Dreck", ***fle:g*** „Fleck", ***bo:g*** „Bock" etc. zu erkennen ist. Man spricht hier von einer „schwach geschnittenen Silbe".

In einer „scharf geschnittenen Silbe" folgt auf einen Kurzvokal eine Fortiskonsonanz. Mit einem relativ einfachen Beispiel kann diese Grundregel illustriert werden. Das Wort ***weg*** „(der) Weg" hat einen langen Vokal ***e*** (= [e:]), auf den ein Leniskonsonant ***g*** folgt. Hier liegt die regelmäßige Dehnung des Vokals in einem einsilbigen Wort vor, es handelt sich um eine „schwach geschnittene Silbe“. Dagegen hat ***wek*** in ***dua den fetsn wek*** „nimm das Tuch weg!“ kurzen Vokal, auf den kurzen Vokal folgt Fortiskonsonant, in ***wek*** liegt eine „scharf geschnittene Silbe“ vor.

„Scharf geschnittene Silben“ können auf verschiedenen Wegen entstanden sein. Den „schwach geschnittenen Silben“ in ***di:š*** „Tisch“, ***fi:š*** „Fisch“ stehen „scharf geschnittene Silben“ in den Pluralformen ***dišš*** „Tische“, ***fišš*** „Fische“ gegenüber. An Stelle von „scharf geschnitten“ findet man auch „gespannt“, dementsprechend wird an Stelle von „schwach geschnitten“ auch „ungespannt“ verwendet. Die historische Erklärung dieser Erscheinung liegt darin, dass im Mittelhochdeutschen die entsprechenden Singularformen einsilbig waren und der Wurzelvokal gedehnt wurde, in den Pluralformen aber vokalische Endungen auftraten, die eine Dehnung verhinderten und später abgefallen sind. Wenn wir das Substantiv ***we:g*** „Weg“ betrachten, so ist die schwach geschnittene Silbe vom einsilbigen Wort althochdeutsch *weg* her zu erwarten. Beim Adverb ***wek*** „weg, fort“ ist dagegen von *inweg* (z.B. *inweg gan* „fortgehen“) auszugehen, es liegt ein mehr als einsilbiges Wort vor, daher erfolgte keine Dehnung, und der Kurzvokal hat zur Folge, dass in der scharf geschnittenen Silbe der Konsonant fortis wird: ***wek*** „weg“ reimt mit ***ek*** „Ecke“. Der schwach geschnittenen Silbe in ***dre:g*** mit Dehnung des Vokals steht die scharf geschnittene Silbe in ***drekat*** „dreckig“ gegenüber, da im zweisilbigen Wort keine Dehnung des Vokals erfolgte.

Die hier angedeutete Regelung wurde 1913 von dem österreichischen Sprachforscher Anton Pfalz folgendermaßen formuliert: *Nach kurzem, scharf geschnittenen Akzent tragendem Vokal oder Diphthongen kennt die Mundart nur Fortiskonsonanz, nach langem, schwach geschnittenen Akzent tragendem Vokal oder Diphthongen nur Leniskonsonanz. Sollte also einerseits ein ursprünglich langer Vokal, dem eine Fortis folgte, seine Quantität bewahren, so musste die Fortis zur Lenis werden, anderseits musste jede aufbewahrte Kürze folgende Lenis zur Fortis sich steigern.* (A. Pfalz, *Die Mundart des Marchfeldes.* Wien 1913, S. 9).

Die von Pfalz gebotene Beschreibung gilt für das Mittelbairische. Interferenzen durch die Schriftsprache sind jedoch überaus häufig. Daher ist die Grundregel keineswegs mehr konsequent erkennbar. Es lassen sich aber durchaus zahlreiche Beispiele anführen, die der Regel folgen. Das Lautgesetz hat dereinst uneingeschränkt gegolten. Bis zur Gegenwart kann man das Wirken der Regel auch an vielen Einzelbeispielen ablesen. So wird wohl im ***M.*** bei einem „Fisch" ***fi:š*** gesagt, insbesondere der nicht gerade seltene Familienname *Fisch* wird bestimmt so gesprochen (***i hǫb an fi:š gsɛŋ*** „ich habe Herrn Fisch getroffen"), im Plural ist ***fiš*** (mit kurzem Vokal und fortis ***šš***) richtig, aber die Vorliebe zu Diminutiva führt dazu, dass ***fišal*** (mit kurzem Vokal und fortis ***šš***) die regelrechte Singularform ***fi:š*** verdrängt, ***fiššal*** „Fischlein" bleibt im Plural unverändert. Die Einhaltung der Pfalzschen Regel erfolgt nur teilweise. Aber in folgender Redekette dürfte die Unterscheidung normalerweise hörbar sein: ***dea di:š do glaŋd ned štɛi ma diš tsam*** „dieser Tisch reicht nicht aus, stellen wir die Tische (mehrere Tische) zusammen!"

Nach der Regel müsste ***hund*** „Hund" eine schwach geschnittene Silbe mit Langvokal aufweisen. Mit Hinweis auf den Vierbeiner ist der Langvokal relativ selten. Im ***M.*** wird aber ***hu:nd*** auch oft als lobende und bewundernde Bezeichnung für einen Menschen verwendet: ***da sɛp is fài šo a hu:nd*** „Sepp bringt erstaunliche Leistungen fertig" (wörtlich „der Sepp ist fein schon ein Hund"). Diese übertragene Bedeutung von ***hu:nd*** kommt auch mit negativer Konnotation vor: ***dea is šo a farekta hu:nd*** „dieser ist schon ein überaus unangenehmer Mensch (verreckter Hund)". In diesem Sinn wird der Plural mit Kurzvokal und scharf geschnittener Silbe gesprochen: ***hunt sàids fài šo*** (bewundernd) „ihr bringt erstaunliche Leistungen fertig" („Hunde seid ihr fein schon", zur Pluralbildung **5.3.3.**).

Während „Bock" oft als ***bok*** zu hören ist, kommt ***bo:g*** ziemlich regelmäßig in der Wendung ***an bo:g šiasn*** „einen Bock schießen, einen Fehler machen" vor.

Ziemlich zuverlässig ist die Länge in ***bši:s*** „Betrug" (*Beschiss*) zu hören. Das Wort für „Sünde" ist ***sint*** (mit scharf geschnittener Silbe), freilich oft in Angleichung an die kirchliche Terminoloige als ***sünde*** gesprochen.

Die „scharf geschnittenen Silben" können auf Wörter mit Kurzvokal zurückgehen, in denen keine Dehnung erfolgt. Es ist aber auch denkbar, dass ursprünglich zweisilbige Wörter mit langer Wurzelsilbe Kürzung erfahren: strāza > ***štras*** „Straße". Ebenso māza > ***a mas*** (Bier) ist feminin, dagegen ***s mǫ:s*** „das Maß" hat langes ***ǫ:*** und ist Neutrum. Wenn jetzt *Maß Bier* geschrieben wird, so ist dies ausgesprochen irreführend, denn gesprochen wird ***mass*** mit scharf geschnittener Silbe, d.h. auf den kurzen Vokal folgt ein fortis Konsonant. Einer scharf geschnittenen Silbe ***wiss-*** „wissen" steht eine schwach geschnittene Silbe ***wis-*** „Wiese" gegenüber in ***mia wisn*** (***wissn***) ***wo dwisn*** (***dwi:sn***) ***is*** „wir wissen, wo die Wiese (= Oktoberfest) ist (stattfindet).

Das Verhalten von Vokal zu Konsonant ist automatisch geregelt. In der Fachliteratur hat sich folgende Notierung eingebürgert: ***fìš*** (mit Gravis auf ***i***) bezeichnet die Vokallänge gekoppelt mit schwachem Silbenschnitt, während ***fíš*** (mit Akut auf ***i***) den kurzen Vokal bei scharfem Silbenschnitt bezeichnet. Etwas einfacher zu lesen ist die Notierung ***fi:š*** – ***fišš***.

Die Alternation wird zurückgedrängt. Während man regelmäßig ***dre:g*** „Dreck" und dementsprechend ***dre:ghame*** sagt, hat in der üblen Beschimpfung ***dea dre:ghame dea drekade*** (wörtlich „der Dreckhammel, der dreckige") auf jeden Fall das Adjektiv ***drekad*** einen kurzen Vokal und dementsprechend den fortis Konsonant ***k***.

Dass es sich um eine Regelung handelt, die ursprünglich einsilbige Wörter betrifft, kann man aus den Beispielen ablesen, die immer nur eine Silbe haben: ***des*** „das, dies" kann gedehntes ***e*** aufweisen, und hier ist keine Möglichkeit der Analogie gegebene: Etwa bei ***tsug*** könnte man denken, dass die Dehnung im zweisilbigen Genitiv *zuges* erfolgt und dann durch Analogie in den Nominativ als ***tsu:g*** eingeführt worden sei.

Oft wird man im ***M.*** das Wort für „Schmutz" als ***drɛk*** mit Kurzvokal und scharf geschnittener Silbe hören, und ***špɛk*** „Speck" bietet einen Reim dazu, aber ziemlich zuverlässig sagt man ***fola dre:g und špe:g*** „überaus stark verschmutzt" („voller Dreck und Speck"). Freilich klingt auch der Kinderreim in den

Ohren: *ich sitze hier und schneide Speck, und wer mich lieb hat, holt mich weg*, der die Aussprache ***špεk*** (im Reim mit ***wεk***) erfordert.

Eher seltene Wörter können die lautgesetzliche Regelung gut bewahren. Die Hühnerkrankheit ***tsi:pf*** „Zipf" (Verhärtung der Zunge) wird durchweg mit langem ***i:*** gesprochen.

Vermutlich wird für „Großvater, Opa" wirklich noch ***o:ba*** (mit Langvokal und schwach geschnittener Silbe nach der Pfalzschen Regel) gesagt, etwas förmlicher ist schon ***opa*** (Kurzvokal und scharft geschnittene Silbe), weiter an die Schriftsprache angenähert ist ***o:pa*** mit der Abfolge Langvokal + fortis Konsonant im Gegensatz zur Pfalzschen Regel.

3.4. Konsonanten

Ebenso wie die Vokale haben auch die Konsonanten seit dem Althochdeutschen verschiedene für das Bairische charakteristische Veränderungen durchlaufen. Die folgenden Abschnitte zeigen eine Auswahl davon.

3.4.1. Verschlusslaute

Schriftsprachliches *t-/d-* werden im Anlaut nicht unterschieden, im ***M.*** heißt es ***dǫg*** „Tag". Durch die Schule wird freilich stets darauf geachtet, dass *Torf* eben von *Dorf* zu unterscheiden ist. Folgende Geschichte zeigt, dass im Anlaut nur ***d-*** vorkommt, dadurch entsteht das Missverständnis.

In einer Schule früherer Zeiten, als die Schüler noch durchweg mit dem Nachnamen angeredet wurden, wird Diktat geschrieben. Der zu schreibende Satz lautet: *Salomon errichtete einen Tempel.* Die Lehrerin, die beim Dikat sorgfältig artikuliert, geht durch die Reihen und beobachtet, was die Kinder schreiben. Als sie beim Schüler Töpferl hinschaut, sieht sie, dass er *errichtete* mit einem *r* schreibt. Sie will helfen und flüstert ihm zu: „mit zwei *r*, Töpferl!" Bei der Korrektur liest sie dann im Heft des Schülers Töpferl folgenden tiefschürfenden Satz: *Salomon erichtete mit zwei Erdäpfel einen Tempel.* Offensichtlich sind aus ihrer Bemerkung „mit zwei *r*, Töpferl" (gesprochen ***depfal***) zwei „Kartoffel(n)" („Erdäpfel") als Baumaterial entstanden.

gl- erscheint im Anlauf für *gl-/kl* (***glàm*** „glauben" und „klauben"). Das folgende Missverständnis basiert auf dieser Gleichheit. Ein Bub aus der Vorstadt, der ins Gymnasium geht, erzählt seiner Mutter, dass alle Schüler einen Euro für den Globus mitbringen müssen. Die Mutter quittiert das Ansinnen als ***bledsin*** „Blödsinn, Unsinn!" und fügt an: ***du fast wàida mim ràdl in tšui dǫ braukst koan bus ned und afs glo kost im wǫid ge*** „du fährst weiterhin mit dem Fahrrad zur Schule, da brauchst du keinen Bus, und auf das Klo kannst du im Wald gehen."

b, ***d*** und ***g*** bezeichnen Verschlusslaute, die in Bezug auf den Stimmton neutral sind, bei ***d*** ist besonders zu beachten, dass die althochdeutschen Entsprechungen im Anlaut entweder geschriebenes *d* oder *t* aufweisen: ***dràì*** „3" (althochdeusch *drì*) und ***dǫg*** „Tag" (althochdeutsch *tag*). Für ***g*** im Anlaut ist von althochdeutsch *g* auszugehen, z.B. ***gem*** „geben" (ahd. *geban*). Anlautendes ***k*** war im Spätalthochdeutschen eine Affrikata *kch*. Im ***M.*** ist die Affrikata zu stimmlosem ***k*** geworden, so dass ein Kontrast zwischen ***gean*** „gern" und ***kean*** „Kern" besteht; ***kean*** „gehören" (aus ***ghean*** entstanden ist gleichlautend mit ***kean*** „Kern"). ***g*** (lenis) in ***weg*** „Weg" (mit gelängtem Vokal) wird zu ***k*** (= ***g*** fortis) in ***wek*** „weg" (***gε wek*** „geh auf die Seite"), auch ***weka*** (vielleicht „weg her"), ***wekat.***

Vor ***r l n*** tritt nur ***g*** auf, es heißt also ***gràits*** „Kreuz", ***glàidl*** „Kleid", ***gnedl*** „Knödel"

3.4.2. Vokalisierung von *-l* und *-r*

Die Liquiden ***l*** und ***r*** im Anlaut sind aus dem Germanischen ererbt: ***liaht*** „Licht", ***rεht*** „Recht". Nach einem Vokal werden ***l/r*** vor Konsonanten und im Wortauslaut zu Vokalen und bilden mit dem vorhergehenden Vokal nach Möglichkeit einen Diphthong. In intervokalischer Stellung bleiben ***l/r*** erhalten.

gǫwe „Gabel", ***kàwe*** „Kabel", ***newe*** „Nebel", ***mewe*** „Möbel", ***lefe*** „Löffel", ***hàme*** „Hammel, auch grober Mensch", ***seme*** „Semmel", ***blumakoi*** „Blumenkohl", ***hime*** „Himmel", ***kime*** „Kümmel", ***kiwe*** „Eimer, Kübel", ***soin*** „Sohle", ***woin*** „wollen", ***woi*** „Wolle", ***woi*** „wohl" (***i fui mi hàid gǫ ned woi*** „ich fühle mich heute gar nicht wohl"), ***foi*** „voll", ***šui*** „Schule", ***fui*** „viel" (auszugehen von althochdeutsch *fil*, wohl erst *ful*, dann ***fui***), ***wǫid*** „Wald“, ***mui*** „Mühle“, ***muidn*** „Mulde“, ***fuits*** „Filz“ (***biafuitsl*** „Untersetzer für Bierglas, früher aus Filz, jetzt Pappe“).

sεi „Seele“ und ***tsεin*** „zählen“ können gleich lauten: ***tsεi tsεin*** „zähle die Seelen“, auch ***tsεin*** „Zelle“ kann dazukommen, ***tsεi tsεin in*** (***de***) ***tsεin*** „zähle die Seelen in den Zellen!“ In der 1. Person Plural könnte es gar heißen: ***mia tsεin tsεin in tsεin*** „wir zählen die Seelen in den Zellen“

wàil „weil“ verliert das auslautende ***-l***, ***wài mia sǫŋ*** „weil wir sagen“, dagegen Bewahrung in ***wàil i moan*** „weil ich meine“ (aber auch ***wài i moan***); ***ǫiwài – dawài*** „immer“ – „mittlerweile“.

Die Vokalisierungen von ***l*** werden teilweise unter dem Einfluss der Schriftsprache wieder rückgängig gemacht: ***himel***, ***gabel*** an Stelle von ***hime*** „Himmel“, ***gǫwe*** „Gabel“. Erhalten bleibt ***-l*** in ***nǫgl*** „Nagel“, ***nǫdl*** „Nadel“, ***štǫdl*** „Stadel“, ***fogl*** „Vogel“, ***aŋl*** „Angel“, ***hàilig*** „heilig“. Man muss beachten, dass der Wandel ***l*** > ***i*** auch erfolgt, wenn ***l*** erst durch Vokalausfall in Kontakt mit dem folgenden Konsonanten kommt, z.B. ***wεin*** „wählen“ oder „Welle“, ***wuin*** „Wille“.

Die Vokalisierung von ***l*** > ***i*** ist für das ***M.*** charakteristisch und erklärt folgende Diphthonge:

ài ***gràin*** „krallen“, ***kàiwe kàiwal*** „Kälbchen“
εi ***štεin*** „stellen, stehlen“, ***tsεit*** „Zelt“
oi ***foi*** „voll“
ǫi ***bǫi*** „Ball, wenn (= bald)“
ui ***muih*** „Milch“ (auszugehen von *milh* mit Rundung von *i* > *ü*, Entrundung von *ü* > *u*, Vokalisierung von *l* und Bildung des Diphthongs *ui* in ***muih***).

Allerdings muss man anmerken, dass die Vokalisierung von ***l*** durchaus bewusst von den Sprechern gemieden wird. Formen wie ***muih*** weichen doch beträchtlich von der schriftsprachlichen Lautung ab, und so bemühen sich immer mehr Sprecher, eine Form *Milch* zu verwenden.

Die durch Vokalisierung von ***l*** entstehenden Diphthonge stellen eindeutig hörbare Abweichungen von der Schriftsprache dar, bereits in der Schule wird daher durchweg vom Gebrauch dieser Formen abgeraten. Wenn der Schüler sagt ***i gɛ in tšui*** „ich gehe in die Schule“, so wird ihm bald bedeutet, dass diese Bildungseinrichtung als ***šule*** zu bezeichnen ist. Da der Sprecher des ***M.*** laufend damit rechnen muss, dass dialektechte Formen mit Vokalisierung von ***l*** und entsprechender Bildung von Diphthongen bei Gesprächspartnern nicht unmittelbar verstanden werden und daher eine Wiederholung seiner Aussage nötig ist, wird er allmählich die schriftsprachlichen Entsprechungen einsetzen.

Die Vokalisierung von ***r*** führt zu ***a*** und kann in folgenden Diphthongen erkannt werden:

ua ***wuatsl*** „Wurzel“

oa ***oa*** „Ohr“

ea ***kean*** „Kern“; in unbetonten Silben hat ***ea*** zu ***a*** geführt: ***da fata*** „der Vater“ (althochdeutsch *fater*) wohl über ***dea fatea***.

ia ***hiat*** „Hirte“

Da diese Formen nicht sehr wesentlich vom Gehörseindruck der schriftsprachlichen Formen abweichen, werden sie durchaus beibehalten. In ***fàkl*** „Ferkel“ ist ***r*** vollkommen geschwunden. Ebenso heißt eine eher kleine Ladung ***a fatl hài*** „eine (kleine) Fuhre Heu“.

Das Wort *hartschier* wird oft als ***hatšia*** gesprochen. Im Auslaut fällt -***r*** ab: ***da baua*** „der Bauer“. -***r***- kann sekundär eingefügt werden, etwa ***buale*** (Diminutiv zu ***bua*** „Bub“) wird auch *buarle* geschrieben.

Anmerkung: Fallende Diphthonge mit Zweitelement ***a*** kommen in durchaus vergleichbarer Form im Englischen vor und sind auch dort durch Schwächung von *r* nach Vokal und vor Konsonant oder im Auslaut entstanden: *beard* „Bart“, *boor* „Lümmel“, *wear* „tragen“, *board* „Brett“. Vergleichbar ist ferner, dass im Englischen *r* nach *a* praktisch ausfällt: *hard* „hart“.

3.4.3. Nasale

Ein -***n*** am Wortende tendiert dazu abzufallen, dabei bleibt zunächst eine Nasalierung des Vokals, die aber schwinden kann. Die Form ***mo*** „Mann, Ehemann“ weist Schwund von auslautendem Nasal auf. Ebenso ist auslautender Nasal abgefallen in ***ko*** „kann“

(***i ko engliš*** „ich kann Englisch“). Als dialektecht ist ***tsa*** „Zahn“ zu erwarten, meist wird aber ***tsan*** gesagt; der Abfall des ***–n*** erfolgt im absoluten Auslaut, aber ***tsanatst*** „Zahnarzt“ behält das ***-n-*** bei, und so kann auch wieder ***tsan*** gebildet werden.

Weitere Formen mit abgefallendem ***-n*** sind etwa das Adjektiv ***še*** „schön“ oder das Adverb ***šo*** „schon“ (***i kim šo glài*** „ich komme jetzt gleich“). In der zustimmenden Funktion von „ja“ kommt ***šon*** vor. Nasalierung war sicherlich einmal stärker, ist jetzt weitgehend geschwunden. ***šõ*** „schon“ klingt mit Nasalierung zumindest in der abwartenden Form ***šõ*** „schon ...?“, dagegen in rascher Form eher ***ea is šo gaŋa*** „er ist schon gegangen“, ***jɛds is ma šo ǫis wuašt*** „jetzt ist mir wirklich alles egal“. Der Nasal kann als „Hiattilger“ auftreten: ***i ko*** „ich kann“, dagegen ***des kon i šo*** „das kann ich schon“.

3.4.4. Konsonantenschwund

Schwund von auslautenden ***b*** ist zu beobachten in ***bua*** „Bub“, ***wài*** „Weib“. Vielfach werden freilich geschwundene Konsonanten sekundär wieder hergestellt („Bub“, „Weib“). Auslautendes *-h* ist geschwunden in ***i*** „ich“, ***mi*** „mich“, ***di*** „dich“.

3.4.5. Besonderheiten

Die auffälligsten Charakteristika des ***M.*** zeigen sich bei den fallenden Diphthongen:

M.	Beispiel	Herkunft (althochdeutsch oder mittelhochdeutsch)
oa	***hoas*** „heiß“	ei
ia	***liaht*** „Licht“	ie (als iё zu sprechen)
ua	***guad*** „gut“	uo
ài	***hàid*** „heute“	iu
ɛi	***fɛid*** „Feld“	e + l
ǫi	***wǫid*** „Wald“	a + l
oi	***hoits*** „Holz“	o + l
ui	***wuid*** „wild“	i + l

3.4.6. Regelmäßigkeit und Analogie

Für Lautentwicklung wird Regelmäßigkeit angenommen, man spricht von lautgesetzlicher Entwicklung. Unter Analogie versteht man die Erscheinung, dass eine Veränderung nicht lautgesetzlich sondern unter dem Einfluss bedeutungsmäßig nahestehender Formen erfolgt ist.

Wenn man die Regeln beachtet, dann ist jedenfalls ***bɛtn*** „beten" unerwartet, denn von althochdeutsch *beton* her würde man ein langes „e" erwarten, und der Dental „t" sollte „lenis" sein, eine Form *be:dn* wäre also durchaus denkbar. Für ***bɛtn*** mit fortis Artikulation von *t* und Nichtlängung der Wurzelsible kommt wohl nur eine Ausgangsform mit ursprünglicher Geminata *tt* in Frage. Dann erhebt sich aber die Frage, wie eine nichtüberlieferte Ausgangsform **betton* im Althochdeutschen gedeutet werden könnte. Neben *beton* gibt es ein Verb *bitten*, und die beiden Verben sind letztlich auch verwandt, haben aber verschiedene Entwicklungen durchlaufen. Wenn man bedenkt, dass die beiden Verben bedeutungsmäßig durchaus Berührungspunkte aufweisen, dann ist sehr wohl denkbar, dass *-tt-* von *bitten* in *beton* eingeführt wurde: ***bɛtn*** und ***bitn*** sind bis zum heutigen Tag in religiösen Kontexten eng beisammen. Als Partizip zu ***bitn*** „bitten" kommt ***bit*** vor und ist im Konsonant mit ***bet*** „gebetet" vergleichbar. Im Kompositum finden wir ***bɛdlàitn*** „Gebetläuten" mit regelmäßigem ***-d-***; durch Assimilierung kann ***bɛdlàitn*** zu ***bɛlàitn*** führen. Lateinisch *orare* ist je nach Kontext mit ***bɛtn*** oder ***bitn*** zu übersetzen.

Dass ein ***o*** gelegentlich zu ***a*** wird, soll erwähnt werden. Der frühere Oberbürgermeister Thomas Wimmer, der überaus populär war, wurde immer liebevoll ***da wima dàmal*** genannt. Zu ***woat*** „Wort" gibt es ein Diminutivum in der Form ***wàtal*** „Wörterl": ***mid dia hǫw i no a wàtal ts redn*** „mit dir habe ich noch etwas zu besprechen (eher drohend)" (ungefähr „mit dir habe ich ein Hühnchen zu rupfen").

4

Formen

4.1. Morpheme

Die kleinsten bedeutungstragenden Einheiten eines Sprachsystems bezeichnet man als Morpheme. Freie und gebundene Morpheme werden unterschieden.

Freie Morpheme sind Lautfolgen, die für sich in einer Redekette vorkommen können: ***i*** „ich" (auf die Frage ***wea is dǫ*** „wer ist da?" kann die Antwort lauten: ***i*** „ich"); ***še*** „schön" (***des is awa še*** „das ist aber schön"); ***bo*** „Bahn" (***aus da bo*** „(geh) aus dem Weg!"). Bei ***i*** „ich", ***še*** „schön" und ***bo*** „Bahn" handelt es sich um freie Morpheme, man kann auch einfach von „Wörtern" reden.

Gebundene Morpheme können nicht für sich allein vorkommen. ***-st*** als Zeichen für 2. Person Singular kann nur einem freien Morphem folgen: ***du kimst*** (= ***kim-st***) „du kommst", ***bǫist kimst*** (= ***bǫi-st kim-st***) „wenn du kommst".

4.2. Die Morphologie des *M.*

Die Grundeinteilung für die Morphologie des ***M.***, die im Wesentlichen mit der des Schriftdeutschen übereinstimmt, sieht folgende Kategorien vor:

- *Nomen* mit Deklination nach Kasus und Numerus: Substantiv, Adjektiv, Pronomen, Numerale
- *Verbum* mit Konjugation nach Numerus, Tempus, Modus, Genus verbi
- *Indeclinabilia* (unveränderliche Wörter): Adverbien, Präpositionen, Konjunktionen

Gebundene Morpheme kann man als Affixe bezeichnen, die entweder auf ein freies Morphem folgen (Suffixe) oder ihm vorausgehen (Präfixe). Zusammengehörende Formen in einem grammatischen System bezeichnet man als Paradigma.

Suffixe dienen der Flexion oder Derivation. Bei Flexion handelt es sich um das Einpassen eines Wortes in ein syntaktisches Gefüge, bei Derivation entstehen neue Wörter. Vom Substantiv ***kind*** wird mit Hilfe des Suffixes ***-iš*** das ***kindiš*** „kindisch" abgeleitet: ***des is kindiš*** „das ist kindisch", in der Abfolge ***a kindiša mo*** „ein kindischer Mann" tritt das Adjektiv in der starken Flexion auf (**6.1.**).

4.3. Problematische Abgrenzungen

Die Abgrenzung von morphologischen Einheiten ist im ***M.*** wegen des Schwunds unbetonter Vokale und damit verbundenen zahlreichen Assimilierungserscheinungen keineswegs einfach. Die Folge ***igɛiŋkiahanài*** „ich gehe in die Kirche (hinein)" kann analysiert werden als ***i gɛ in d kiaha nài***, aber der bestimmte Artikel ***d*** (***de***) hat sich an den Anlaut von ***kiaha*** assimiliert, zuerst wird wohl ***dkiaha*** zu ***gkiaha***, dann erfolgt Vereinfachung von ***gk-*** zu ***k-***; die Präposition ***in*** führt zu ***iŋ*** vor dem folgenden ***k-***.

Die folgenden Abschnitte trennen keineswegs scharf zwischen den Bereichen, die man bei strikter grammatischer Anordnung zwischen Morphologie und Syntax aufteilen müsste. In einer gesprochenen Kette ***wemhǫstnsbuahgem*** > ***wemhǫsnsbuahgem*** „wem hast du denn das Buch gegeben?" kann man einzelne Elemente (Wörter) relativ leicht unterscheiden: ***wem ... s buah gem*** „wem ... das Buch gegeben?" sind eindeutig, bei ***hǫstn*** sind die Formen ***hǫst*** „hast (du)" und ***n*** „denn" anzunehmen, denkbar ist ferner, dass ***du*** zwischen ***hǫst*** – ***du*** – (***d***)***n*** geschwunden ist. Aber die Aufteilung in einzelne Morpheme und Wörter ist nicht immer logisch eindeutig möglich.

Dies gilt für alle Folgen in einer gesprochenen Kette. Die bereits erwähnte Devise von Oberbürgermeister Thomas Wimmer, nämlich ***ràmadàma***, soll als Beispiel dienen. Die Bausteine des Satzes sind relativ klar: ***dàma*** bedeutet „tun wir", zusammen mit dem Infinitiv ***ràma*** „räumen" bedeutet also ***ràmadàma*** „wir (tun) räumen". Wenn wir aber fortfahren ***ràmadàns***, so ergeben sich neue Überlegungen. Da ***dàns*** als ***dàn-s*** „tuen sie" aufzufassen ist, liegt es nahe, auch ***dàma*** in ***ràmadama*** als ***dà-ma*** „tuen wir“ zu betrachten. Dies führt zur weiteren Annahme, dass ***dàma*** letztlich ***dàn-ma*** „tun wir“ darstellt und ***dànma*** zu ***dàma*** vereinfacht wurde. In ***aufgem deama ned*** ist die Abfolge ***deama*** nicht eindeutig. Der Satz könnte bedeuten: „aufgeben werden wir nicht“, dann ist ***deama*** als ***dean ma*** „tuen wir“ aufzufassen, es liegt also eine Art Aufforderung vor, dass man auf keinen Fall resignieren will. Es ist aber auch denkbar, dass ***deama*** als „darf man“ gemeint ist: „aufgeben darf man nicht“ hat ungefähr die gleiche Bedeutung, dass man nämlich immer zuversichtlich bleiben soll. Assimilationen können unterschiedlich weit gehen. ***las ma mài rua*** „lass mir meine Ruhe“ kann zu ***lamamarua*** führen. Auch bei ***i muas*** kann in der Redekette das ***-s*** leicht schwinden: ***imuasǫŋ*** „ich muss sagen ...“ Wenn man sich Gesundheit wünscht, dann kann leicht angefügt werden: ***ois andre kema se kàfa*** „alles Übrige können wir uns kaufen“, dabei ist ***kema*** zu verstehen als ***kena ma*** „können wir“.

4.4. *mandendapta – semomadu*

Schmeller hat in einer kleinen Geschichte gezeigt, wie verwickelt die Lautentwicklung im Bairischen erscheinen kann, wenn man versucht, die gesprochene Rede zu verschriften: Johann Andreas Schmeller, *Die Mundarten Bayerns grammatisch dargestellt*, Nachdruck Wiesbaden 1969, S. 501. Die rätselhaft wirkenden Formen in den berichteten Gesprächen könnten im ***M.*** entsprechend auftreten:

> *Zur Zeit der Heuernte geht ein Abt auf die Wiesen des Klosters hinaus, um nachzuschauen, ob seine Leute ordentlich arbeiten. Die Arbeiter liegen allesamt im Schatten und schlafen. Da nimmt der Abt selbst eine der Sensen in die Hand und beginnt zu mähen. Ein Mäher wacht auf und sagt:* **mandendapta***. Der Abt entgegnet:* **semomadu** *und drückt ihm die Sense in die Hand.*

Die rätselhaft wirkenden Folgen lassen sich folgendermaßen aufschlüsseln: ***màn den d àpt à*** „mähen denn die Äbte auch?“

fragt der aus dem Schlaf Erwachte erstaunt. Der Abt entgegnet: ***se mo mà du*** „Da nimm, Mann, (und) mähe du!" Die Form se „da nimm!" ist jetzt praktisch ausgestorben und gehört vermutlich ursprünglich als Imperativ zum Verb „sehen", vgl. etwa französisch voilà (zu voir „sehen"). Gemeint ist: „Da nimm die Sense, Mann, und mähe du!"

4.5. Mehrdeutigkeiten

Ein Beispiel soll noch zeigen, welche Mehrdeutigkeiten in einer kurzen Folge auftreten können. Da die 3. Person Singular (er, sie es) *wäscht* und die 2. Person Plural (ihr) *wascht* (auch Imperativ) im ***M.*** die Formen ***wašt*** und ***wašts*** aufweisen, erlaubt die Folge ***waštsas*** die Aufteilung in ***wašt-s-as*** (3. Singular „wäscht") und ***wašts-as*** (2. Plural „wascht"). Je nachdem, wie ***-s-as*** bzw. ***-as*** aufgefasst werden, ergeben sich insgesamt zwölf verschiedene Bedeutungen für ***waštsas***, nämlich neun Fragen und drei Befehle. Bei ***wašt-s-as*** ist ***-s-*** jeweils Subjekt des Satzes („sie" oder „es") und ***-as*** das Objekt („sie" oder „es"). Auch in ***wašts-as*** ist ***-as*** das Objekt („es" oder „sie"), in den ersten drei Beispielen fungiert ***wašts*** (2. Plural) als Indikativform in der Frage, in den restlichen drei Beispielen ist ***wašts*** Imperativ. Auch in der Schriftsprache sind Äußerungen wie *wäscht sie sie*? nicht eindeutig, aber die Anzahl der mehrdeutigen Formen ist im ***M.*** entschieden höher.

wašt-s-as	„wäscht sie sie?" (die Wäscherin die Wäsche)
	„wäscht sie es?" (die Wäscherin das Hemd)
	„wäscht sie sie?" (die Wäscherin die Hemden)
	„wäscht es es?" (das Kind das Kleid)
	„wäscht es sie?" (das Kind die Puppe)
	„wäscht es sie?" (das Kind die Hände)
wašts-as	„wascht ihr es?" (das Hemd)
	„wascht ihr sie?" (die Wäsche)
	„wascht ihr sie?" (die Hände)
	„wascht es!" (das Hemd)
	„wascht sie!" (die Wäsche)
	„wascht sie!" (die Hände)

5

Substantiv

5.1. Kategorien

Das Substantiv (Hauptwort) weist folgende Kategorien auf:

- Kasus (Fall): Nominativ (Werfall), Genitiv (Wesfall), Dativ (Wemfall), Akkusativ (Wenfall);
- Genus (Geschlecht): maskulin (männlich), feminin (weiblich), neutral (sächlich);
- Numerus (Zahl): Singular (Einzahl) und Plural (Mehrzahl)

Das Substantiv gilt als nominaler Träger von Information. Ein Substantiv im Nominativ kann als Subjekt eines Satzes (Satzgegenstand) fungieren. Dativ und Akkusativ haben Objektsfunktionen, man kann Dativ/Akkusativ als Obliquus zusammenfassen.

Der Genitiv ist im ***M.*** nicht aktiv in Gebrauch: Für „Peters Katze" sagt man ***de kats fom bɛda*** „die Katze von Peter" oder ***am bɛda sài kats*** „dem Peter seine Katze". Reichliche Spuren des Genitivs sind vorhanden: ***muata gotes*** „Mutter Gottes", ***liawe muata gotes*** „liebe Muttergottes", ***um gods wuin*** „um Gottes Willen", ***in gods nam*** (verstärkt ***in gods nam dràisge***) „in Gottes Namen (dreißig)", ***um himes wuin*** „um Himmelswillen", ***godsaka*** „Gottesacker, Friedhof". Ein erstarrter Genitiv liegt vor in ***moads*** zur Angabe von hohen Graden: ***a moads haus*** ist ein eindrucksvolles bis pompöses Gebäude, ***moads huŋa*** „großer Hunger" und ***moads duašt*** „großer Durst" weisen ebenfalls auf einen gesteigerten Hunger oder Durst hin, ***a moads drum*** ist ein gewaltiges Stück, und ***a moads drum mansbuid*** bezeichnet einen riesenhaften Mann. In ***moads*** liegt der Genitiv von „Mord" vor, der Beschuldigte wird des „Mordes" angeklagt, eine „Mords Anklage" (Anklage des Mords) war ursprünglich wörtlich zu nehmen, dann hat freilich „Mords-“ die allgemeinere Bedeutung von „groß“ angenommen und kommt auch als Adverb vor in ***dua de ned moads ǫ*** „strenge dich nicht zu sehr an (tue dich nicht mords ab)“.

In Komposita (Zusammensetzungen) tritt ein verbindendes -***s***- auf, das einen Rest des Genitivs darstellen kann: ***šwainsbrǫn*** „Schweinebraten“, ***bluads-*** (***a bluadsarwad*** „eine sehr anstrengende Arbeit“, ***bluadsdramban*** „vermaledeite Trambahn“, ***bluadshits*** „große Hitze“). Es können sich Bedeutungsunterschiede ergeben: ***bluadsfawandšaft*** mit Betonung auf der ersten Silbe ist „Blutsverwandtschaft“, bezieht sich also auf diejenige Angehörigen, die dem Blut nach verwandt sind, dagegen bezeichnet ***bluadsfawandšaft*** mit Betonung auf der dritten Silbe eher „die unangenehme Verwandtschaft“ (negative Einschätzung). Weitere Beispiele mit verbindendem -***s***-: ***hunds-*** (***a hundsglump*** „eine sehr schlechte Ware“), ***hundshitn*** „Hundehütte“ (auch allgemein „minderwertige Behausung“), ***hundsgripe*** „Hundskrüppel“, ***hundsmiad*** „sehr müde“. Gelegentlich muss man unterscheiden: ***a dregsawd*** ist eine „unangenehme Arbeit“, dagegen bezeichnet eine ***dregarwat*** eine „Arbeit mit schmutzigem Material“, eine ***dreglaka*** ist eine „schmutzige Pfütze“. Weitere Genitivformen wie ***anštandshǫiwa*** „anstandshalber“, ***untadǫgs*** „am Tag“, ***hǫibwegs*** „einigermaßen, halbwegs“, ***desweŋ*** „deswegen, deshalb“ oder etwa ***sàinatsàid*** „damals“ („seiner Zeit“) haben in der Schriftsprache Entsprechungen. ***niks*** „nichts“ ist der erstarrte Genitiv zu *nicht*.

Kasusmarkierungen sind nur in geringem Ausmaß ausgeprägt. Es ist nützlich, Formen des bestimmten Artikels mit zu erwähnen, da sich dadurch Aussagen über das Geschlecht der jeweiligen Substantiva ergeben. Ferner zeigt der Artikel Kasusunterscheidungen, die beim Substantiv nicht mehr unmittelbar zu erkennen sind. Der bestimmte Artikel ist identisch mit dem Demonstrativpronomens (7.5.) und stellt eine abgeschwächte Form davon dar. Der Vokativ (Rufform) hat keine eindeutig erkennbare formale Unterscheidung: ***sɛp*** „Sepp!“ Der Vokativ richtet sich meist an eine Einzelperson. Auch im Plural ist freilich ein Vokativ möglich: ***kinda kemts*** „Kinder, kommt!“

5.2. Kasus und Genus

5.2.1. Das Substantiv weist im ***M.*** eine dreifache Genusunterscheidung auf: maskulin, feminin, neutral. Von wenigen Substantiven wie (maskulin) ***fata*** „Vater" (***da fata***) und (feminin) ***muata*** „Mutter" (***d muata*** > ***bmuata***) abgesehen, besteht keine direkte Relation zwischen dem grammatikalischen Genus und dem natürlichen Geschlecht: ***da lefe*** „der Löffel" (maskulin), ***de gǫwe*** > ***dgǫwe*** > ***gǫwe*** „die Gabel" (feminin), ***s mesa*** „das Messer" (neutral).

5.2.2. Der bestimmte Artikel als Begleiter eines Substantivs bietet die einfachste Möglichkeit, Genus, Numerus und Kasus bei den Entsprechungen zu „*der* Vater", „*die* Mutter", „*das* Kind" zu unterscheiden:

	maskulin	feminin	neutral
Nominativ	***da fata***	***b muata***	***s kind***
Dativ	***am fata***	***da muata***	***am kind***
Akkusativ	***an fata***	***b muata***	***s kind***

Im Plural bietet der Artikel keine Unterscheidungsmöglichkeit: ***d*** „die" ist für alle Genera in Gebrauch, Substantiva im Plural weisen auch keine Kasusunterschiede auf, ***d*** wird gegebenenfalls an das Substantiv assimiliert (***d kinda*** > ***kinda*** „die Kinder").

In der Redekette finden Angleichungen statt: ***dem fata/den fata*** „dem Vater, den Vater" fallen unter ***demfata*** > ***mfata*** (***amfata***) zusammen, ***d muata*** klingt wie ***bmuata***, und (***d***)(***a***)***s kind*** wird als ***skind*** gesprochen. Der Artikel ***d*** „die" gleicht sich an den konsonantischen Anlaut des Substantivs an. Das gilt sowohl für den Singular der Feminina als auch für den ganzen Plural: ***d kats*** „die Katze" wird zu ***dkats*** > ***kats***, daher heißt es ***ǫis fia kats*** „alles für die Katze (vergeblich, umsonst)", freilich kann man sekundär auch ***ǫis fia d kats*** „die Katze" hören. Die Pluralform des Artikels ***d*** weist die gleiche Erscheinung auf: ***dbeag*** „die Berge" (> ***bbeag*** > ***beag***), ***dkinda*** „die Kinder" (> ***kkinda*** > ***kinda***) etc. In einer Reihe von Fällen bleibt der Artikel ***d*** aber erhalten: ***dwoh*** „die Woche", ***dwisn*** „die Wiese", ***dwaš*** „die Wäsche", ***dwuašt*** „die

Wurst“, ***dwàiwa*** „die Frauen“, ***djǫgd*** „die Jagd“, ***djǫa*** „die Jahre“. Die Besonderheit ist dadurch zu erklären, dass ***w-*** und ***j-*** dem Status eines Vokals nahekommen, und vor einem Vokal bleibt das ***d-*** des Artikels bestehen: ***darwad*** „die Arbeit“, ***dàntn*** „die Ente(n)“. Die gleiche Regelung, dass ***d*** des Artikels erhalten bleibt, gilt bei ***dhena*** „die Henne(n)“, ***dleŋ*** „die Länge“, ***drana*** „rote Rübe(n)“ (lateinisch *beta ranuncula*), ***dreama*** „die Riemen“, ***drindfiha*** „die Rinder“, ***dnɛsn*** „die Nässe“, ***dsupm*** „die Suppe(n)“. Namen werden regelmäßig mit dem bestimmten Artikel versehen: ***i bin da bɛda*** „ich bin Peter“, ***i bin da hans*** „ich bin Hans“, ***i bin bmare*** „ich bin Maria“, ***sigst du an sɛp*** „siehst du Sepp?“ Auch bei der Nennung von Nachname und Vorname (in dieser Reihenfolge) wird der bestimmte Artikel regelmäßig verwendet: ***da màia sɛp is kema*** „Josef Meier (wörtlich der Meier Josef) ist gekommen“. Der bestimmte Artikel ist im ***M.*** weitgehend ein konstanter Begleiter von Namen oder Substantiven allgemein, durchaus vergleichbar mit den Verhältnissen im Französischen (*le monsieur Brun* etc.): ***da hea màia*** „Herr Meier“, ***b frau huawa*** „Frau Huber“, ***da fata kimd hoam*** „Vater kommt nach Hause“. Für „Gott“ sagt man am ehesten ***da heagod*** „Herrgott“ oder ***da liawe god*** „der liebe Gott“; ***god*** allein kommt nur in festen Formeln wie ***grias god*** „es möge Gott grüßen“ (im Sinn von „segnen“) und ***pfia god*** „es möge Gott hüten“ vor. Der bestimmte Artikel wird auch verwendet in ***bài da naht*** „bei Nacht“.

5.2.3. Einige Substantiva haben eigene Formen für Dativ/Akkusativ: ***des is a af*** „dies ist ein Affe“, ***sigst den afn*** „siehst du den Affen?“ (***sigst den af*** ist auch möglich). Entsprechend hat Dativ/Akkusativ bei ***bua*** „Bub“ eine eigene Form: ***gib s dem buam dea wo grǫd kema is*** „gib es dem Buben, der eben gekommen ist“. Ebenso ***gsɛi*** „Geselle“ (meist aber „Kerl“), Dativ/Akkusativ ***gsɛin*** (***sikst den gsɛin dǫ drim*** „siehst du den Kerl dort drüben?“), ***oks/oksn*** „Ochse“ (***gib am oksn a fuata*** „gib dem Ochsen Futter!“).

5.2.4. Einige Besonderheiten in der Genuszuweisung können erwähnt werden, in den meisten Fällen sind historische Erklärungen denkbar. So ist ***da buta*** „die *Butter*“ im Deutschen ein

Lehnwort letztlich aus dem Griechischen, und bei Lehnwörtern ist das Genus oft variabel; das zugrundeliegende griechische Wort *boutyron*, das neutrales Geschlecht hat, führt im Französischen zum maskulinen *le beurre*, und dieses maskuline Genus findet sich auch im ***M.*** Das feminine Genus von *die Butter* ist wohl über einen neutralen Plural auf *-a*, der als Femininmerkmal verstanden wurde, zu erklären. Im Sinn von „Butter" war früher ***šmǫits*** („Schmalz") üblich, jetzt wird mit ***šmǫits*** zerlassene Butter bezeichnet. Freilich ist *butira* im Althochdeutschen feminin; es ist daher nicht ausgeschlossen, dass ***M. buta*** erst sekundär maskulin wurde, dabei mag ***aŋkn*** „der Anken, Butter, Fett" mitgewirkt haben, auch die Tatsache, dass Substantiva auf *-er* normalerweise maskulin sind, ist wohl von Belang; vgl. auch ***da mɛta*** „das Meter".

Unsicherheit besteht bei neu aufgenommenen Wörtern. Bis zur Gegenwart ist eher schwankend, ob man *Mail* als feminin (*die Mail* = die Botschaft) oder neutral (*das Mail* = die Einrichtung wie etwa das Telefon) betrachtet. Auch *Navi* kann als maskulin (*der Navigator*) oder neutral (*das Navi* = das Navigationsgerät) gelten.

5.2.5. Folgende Substantiva im ***M.*** sind maskulin: ***da baka*** „die Backe, die Wange", ***da brem*** „die Bremse" (***wia a blinda brem*** „unbedachtsam, wie eine blinde Bremse"), ***da buta*** „die Butter", ***da bɛdasui*** „die Petersilie" (lat. *petrosilium* „Steineppich"), ***da karn*** „die Karre", ***da soka*** „die Socke", ***da wɛps*** „die Wespe", ***da tswife*** „die Zwiebel", ***da katofe*** „die Kartoffel" (dementsprechend kann als Pluralform *Kartoffel* auf der Anschlagtafel am Bauernhof stehen, und erst in neuerer Zeit hat sich die Pluralform *Kartoffeln* – für das feminine Geschlecht – immer mehr durchgesetzt), ***da špits*** „die Spitze", ***da rats*** „die Ratte", ***da šuats*** „die Schürze", ***da tsɛk*** „die Zecke", ***da tsɛa*** (auch ***tsɛha***) „die Zehe" (vielleicht unter dem Einfluss von ***da fiŋa*** „der Finger"), ***da šnɛk*** „die Schnecke".

5.2.6. Folgende Substantiva im ***M.*** sind feminin: ***(de) gaude*** „die Unterhaltsamkeit, das Gaudium" (von lateinisch *gaudium*, aber es ist wohl vom neutralen Plural *gaudia* auszugehen, der als

Femininum verstanden wurde, vergleiche französisch *la joie*), ***d fetn*** „das Fett", ***dhuastn*** „das Husten" (althochdeutsch *huosta* ist feminin), ***bmas*** „die Mass" (mit kurzem ***a*** und fortis ***s***) geht auf eine ursprünglich zweisilbige Form *māza* zurück, deren Vokal gekürzt wurde (siehe oben zu ***štras*** „Straße", **3.3.**).

5.2.7. Folgende Substantiva im *M.* sind neutral: ***s monat*** (ursprünglich maskulin, wohl nach ***s jǫa*** „das Jahr" ausgerichtet) „der Monat", ***s ek*** „die Ecke", ***s dàil*** „der Teil", ***s sah*** „das Anwesen" (im Gegensatz zu ***a sah*** „eine Sache"), ***s dela*** „der Teller", ***s menš*** „weibliche Person" (kaum mehr gebräuchlich), im Gegensatz zu ***da menš*** „der Mensch", ***s màsl*** „Massel, unerwartetes Glück", ***s šlamàsl*** „Schlamassel, schwierige Lage".

5.3. Singular und Plural

5.3.1. Es gibt Wörter, die von Haus aus nur im Singular vorkommen, weil sie etwa wie ***d sun*** („die Sonne") und ***da mond*** („der Mond") einmalig existieren; auch Bezeichnungen für Mengen wie ***b muih*** („Milch"), ***da špeg*** („Speck"), ***da dreg*** („Schmutz") oder ***da bats*** („weiche Masse") werden nicht im Plural gebraucht. Ein Wort wie ***štǫi*** „Stall" kommt nicht ohne weiteres im Plural vor, weil jeder Hof nur einen Stall hat; im Bedarfsfall würde man dann wohl die schriftsprachliche Form *Ställe* in Angleichung an die mundartliche Lautung verwenden. ***s graud*** „das Kraut" bezieht sich meist auf „Sauerkraut" etc., Plural ***gràita*** bedeutet einzelne „Kräuter" wie „Pfefferminze" etc. Andererseits gibt es richtige Pluralwörter wie ***d làid*** („Leute"), auch das Diminutiv ***d làidl*** hat Pluralbedeutung, freilich kann erneut eine Form ***làidln*** (5.3.5.) gebildet werden. Sekundär ist zu diesem Wort ein Singular ***s làid*** „Person" gebildet worden, meist weiblich und oft von einem Adjektiv begleitet: ***a guads làid***, ***a flàisigs làid***, ***a ams làid*** „eine gute, eine fleißige, eine arme Person". Als Singular zu ***ɛitan*** „Eltern" fungieren ***fata/muata*** „Vater/Mutter". Auch ***koin*** „Kohlen" und ***mewe*** „Möbel" (daneben ***mewen*** als Einzelstücke des Mobiliars) kommen praktisch nur im Plural vor.

Im Folgenden werden Veränderungen in Pluralformen gegenüber dem Singular darstellt.

5.3.2. Singular = Plural

In einer Reihe von Fällen bleibt die Singularform im Plural unverändert: ***àntn*** „Ente(n)", ***àntal*** „Entlein", ***bǫ*** „Paar(e)", ***briaf*** „Brief(e)", ***brukn*** „Brücke(n)", ***dǫg*** „Tag(e)", ***dašn*** „Tasche(n)", ***dàšal*** „kleine Tasche(n) (Diminutivbildung)", ***fana*** „Fahne(n)", ***feasal*** „Vers(e)", ***fiŋa*** „Finger", ***flos*** „Floß(e)", ***gnedl*** „Knödel", ***gnɛht*** „Knecht(e)", ***gasn*** „Gasse(n)", ***gruam*** „Grube(n)", ***hena*** „Henne(n)", ***hǫ*** „Haar" (***mid haud und hǫ*** „mit Haut und Haaren"), ***hosn*** „Hose(n)", ***jǫa*** „Jahr(e)", ***lera*** „Lehrer", ***monad*** „Monat(e)", ***nǫsn*** „Nase(n)", ***oa*** „Ei(er)", ***ràdl*** „Fahrrad, Fahrräder", ***riŋ*** „Ring(e)", ***rosn*** „Rose(n)", ***ros*** (o:) „Ross, Rösser" (Plural auch ***resa***), ***ruam*** „Rübe(n)", ***šlaŋa*** „Schlange(n)", ***šǫf*** „Schaf(e)", ***šua*** ‚Schuh(e)' (doch Plural häufig ***šuah*** mit Erhaltung des auslautenden Konsoanten), ***wisn*** „Wiese(n)", ***weg*** „Weg(e)", ***wits*** „Witz(e)", ***wampm*** „dicker Bauch, dicke Bäuche". Auch ***mak*** „Mark" als Währungseinheit war unverändert im Plural, so ist jetzt normalerweise auch ***ǫiro*** „Euro" Singular und Plural.

5.3.3. Oberflächlich betrachtet könnte man auch bei folgenden Beispielen Gleichheit von Singular und Plural annehmen: ***bis*** „Biss(e)", ***blits*** „Blitz(e)", ***diš*** „Tisch(e)", ***fiš*** „Fisch(e)", ***hund*** „Hund(e)", ***sits*** „Sitz(e)", ***šrit*** „Schritt(e)", ***štih*** „Stich(e)", ***štrih*** „Strich(e)", ***wiš*** „Wisch(e)".

In Wirklichkeit sind aber hier Singular und Plural unterscheidbar. Bei diesen Substantiven ist von Haus aus der Singular einsilbig, deshalb kann der Wurzelvokal Dehnung erfahren, im ursprünglich zweisilbigen Plural unterbleibt die Dehnung, der auslautende Vokal fällt jedoch ab. Der Singular weist lange Wurzel mit schwach geschnittener Silbe, der Plural dagegen Kurzvokal mit scharf geschnittener Silbe auf: ***fiš*** [fi:š] – ***fiš*** [fišš] „Fisch – Fische" etc. Anzumerken ist, dass im Plural oft eine Verkleinerungsform verwendet wird, das Paradigma ist dann eher ***da fi:š*** und ***d fišal*** > ***b fišal***.

Das Substantiv ***pflants*** („Pflanze") wird oft im übertragenen Sinn verwendet: ***wǫs isn des fia pfla:nts*** „was ist denn das für eine (undursichtige) Geschichte", im Plural ***wǫs san an des fia pflànts*** „was sind denn das für Geschichten". Auch in ***bàm*** „Bäume" ist der Vokal geringfügig kürzer als im Singular ***bàm*** „Baum".

Ein alternativer Plural zu ***bàm*** „Baum" ist ***bàim*** (mit *i*-Umlaut, 5.3.4.).

5.3.4. Deutliche Vokaländerung gegenüber dem Singular weist der Plural bei folgenden Substantiven auf. Geschichtlich betrachtet liegt dem Vokalwechsel das Wirken des *i*-Umlauts zugrunde, bei vielen Beispielen zeigt die schriftsprachliche Entsprechung den *i*-Umlaut graphisch an. Einsilbige Substantiva, wie ***froš*** „Frosch", haben im Singular gedehnten Vokal und schwach geschnittene Silbe, der Plural ***freš*** „Frösche" hat kurzen Vokal in scharf geschnittener Silbe, also etwa ***fro:š – frešš***.

Weitere Beispiele für diese Pluralbildung: ***apfe – epfe*** „Apfel – Äpfel", ***apt – àpt*** „Abt – Äbte", ***ast – àst/est*** „Ast – Äste", ***bàm – bàim*** „Baum – Bäume" (auch unverändert ***bàm*** „Bäume"), ***bauh – bàih*** „Bauch – Bäuche", ***baŋk – beŋk*** „bank – Bänke" (im Sinn von „Geldhäuser" ***baŋkŋ***), ***bišof – bišef*** „Bischof – Bischöfe" (mit ***i:*** zu sprechen), ***blǫts – blàts*** (***ǫ:*** – ***à***) „Platz – Plätze"), ***bǫh – beh*** „Bach – Bäche", ***bǫi – bɛi*** „Ball – Bälle" („Tanzveranstaltungen" meist ***bɛle/bele***), ***bruada – briada*** „Bruder – Brüder", ***buš – biš*** (***u:*** – ***i***) „Busch – Büsche", ***dopf – depf*** „Topf – Töpfe", ***duam – diam*** „Turm – Türme", ***fogl – fegl*** „Vogel – Vögel", ***fogal – fegal*** „Vögerl – Vögerl" (Diminutiv), ***fuas – fias*** (***ua:*** – ***ia***) „Fuß – Füße", ***gaŋ – geŋ*** „Gang, Hausgang – Gänge" (aber ***gàŋ*** in ***so geŋa de gàŋ*** „so gehen die Dinge, so ist der Lauf der Dinge"), ***gnopf – gnepf*** (***o:*** – ***e***) „Knopf – Knöpfe", ***grampf – gràmpf*** (***a:*** – ***à***) „Krampf – Krämpfe" (häufig als „Unsinn" verwendet: ***wǫs san des fia gràmpf*** „was sind das für unsinnige Dinge"), ***grants – grànts*** „Kranz – Kränze", ***gruas – grias*** „Gruß – Grüße", ***gruag – griag*** „Krug – Krüge", ***fluah – fliah*** „Fluch – Flüche", ***haud – hàit*** „Haut – Häute", ***hama – hema*** „Hammer – Hämmer" (auch Plural ***hama*** ist möglich), ***hand – hent*** „Hand – Hände", ***hof – hef*** „Hof – Höfe", ***huad – hiad*** „Hut – Hüte", ***šlauh – šlàih*** „Schlauch – Schläuche", ***špruŋ – špriŋ*** „Sprung – Sprünge", ***šwants – šwànts*** „Schwanz – Schwänze", ***kopf – kepf*** „Kopf – Köpfe", ***koh – keh*** „Koch – Köche", ***kua – kia*** „Kuh – Kühe", ***maus – màis*** „Maus – Mäuse" (auch in der Wendung ***mah koane màis*** „bereite keine unnötigen Schwiergkeiten!"), ***laus – làis*** „Laus – Läuse", ***muata – miata*** „Mutter – Mütter", ***nǫgl – negl*** „Nagel – Nägel",

sau – sài „Schwein, Sau – Schweine, Säue", ***sǫg – sek*** „Sack – Säcke", ***šlǫg – šleg*** „Schlag – Schläge" (im Plural oft „Prügel" als Strafe), ***štǫd – štet*** „Stadt – Städte", ***špruh – šprih*** „Spruch – Sprüche", ***štos – štes*** „Stoß (Holz) – Stöße", ***štrumpf – štrimpf*** „Strumpf, Strümpfe", ***tsan – tsen*** „Zahn – Zähne", ***tsug – tsig*** „Zug – Züge", ***tsaun – tsàin*** „Zaun – Zäune", ***woif – wɛif*** „Wolf – Wölfe", ***wand – went*** „Wand – Wände", ***wǫŋ – weŋ*** „Wagen – Wägen", ***wuašt – wiašt*** „Wurst – Würste", ***wunš – winš*** „Wunsch – Wünsche"

Anmerkung: Kurzvokal mit ensprechend scharf geschnittener Silbe ist im Plural häufig anzutreffen, z.B. ***fro:š – freš***. Abweichungen liegen vor in ***huad – hiad*** „Hut – Hüte", ***tsug – tsig*** „Zug – Züge" (mit Gleichheit des Silbenschnitts in Singular und Plural). Meist ist ***briaf*** „Brief(e)" sowohl Singular als auch Plural.

5.3.5. Folgende Substantiva bilden den Plural durch Anhängen von -***n*** an die Singularform:
baua – bauan „Bauer(n)", ***ent – entn*** „Ende(n)", ***dàife – dàifen*** „Teufel", ***fata – fatan*** „Vater – Väter", ***frau – fraun*** „Frau(en)" (auch ***frau – fraua***), ***gšiht – gšihtn*** „Geschichte(n)", ***grents – grentsn*** „Grenze(n)", ***hɛks – hɛksn*** „Hexe(n)", ***hǫs – hǫsn*** „Hase(n)", ***kats – katsn*** „Katze(n)", ***lump – lumpm*** „Lump(en), Mensch(en) zweifelhaften Charakters", ***màdl – màdln*** „Mädchen", ***mɛs – mɛsn*** „Messe(n)", ***oks – oksn*** „Ochse(n)", ***mui – muin*** „Mühle(n)" (entlehnt von lateinisch *molina*), ***rats – ratsn*** „Ratte(n)", ***špǫts – špǫtsn*** „Spatze(n)", ***sah – sahan*** „Sache", ***štund – štuntn*** „Stunde(n)", ***tsɛa*** (***tsɛha***) – ***tsɛan*** (***tsɛhan***) „Zehe(n)", ***tsàid – tsàitn*** „Zeit(en)", ***tsuŋa – tsuŋan*** „Zunge(n)", ***wɛps – wɛpsn*** „Wesp(en)".

Wenn das Substantiv auf -***g***/-***k*** endet, entsteht -***ŋ*** bei Anfügen von -***n***: ***aug – auŋ*** „Auge(n)" (***gn*** > ***ŋn*** > ***ŋ***), ***frǫg – frǫŋ*** „Frage(n)", ***ek – ekŋ*** „Ecke", ***oa – oan*** „Ohr(en)" (***s oa – d oan***).

Das Pluralkennzeichen ist -***m*** bei ***dɛp – dɛpm*** „Dummkopf", ***bua – buam*** „Bub(en)" (aufzufassen als ***buabn*** > ***buabm*** > ***buam***; zu ***buama*** siehe **5.3.6.**).

5.3.6. Folgende Substantiva bilden die Pluralform durch Anfügen von ***-a***:
kind – kinda „Kind – Kinder“, ***fih – fiha*** „Vieh“, aber auch allgemein „Tier – Tiere“ (mit Artikel ***sfih – bfiha***), ***woh – woha*** auch ***woha – wohan*** „Woche – Wochen“, ***oa – oa*** „Ei(er) (***s oa – d oa*** „das Ei – die Eier“, Singular und Plural sind gleich), ***gaiŋ – gaiŋa*** „Geige(n)“, ***diŋ – diŋa*** „Ding – Dinge“, ***hemad – hemada*** „Hemd(en)“, ***bua – buama*** (auch ***buam***) „Knabe(n)“, ***mo – mana*** „Mann – Männer“ (auch Plural ***mena***), ***boa – boana*** „Knochen“ (in Singular ***boan*** ist ***-n*** abgefallen)

Bei den folgenden Pluralformen tritt eine Endung ***-a*** auf, gleichzeitig wirkt in der Wurzel der *i*-Umlaut: ***dǫh*** [ǫ:] – ***deha*** „Dach – Dächer“ (mit *i*-Umlaut), ***wǫid – wɛida*** „Wald – Wälder“, ***haus – hàisa*** „Haus – Häuser“, ***fah – feha*** „Fach – Fächer“, ***gwand – gwànta*** „Kleidung(sstück), Gewand – Gewänder“, ***woat – weata*** „Wort – Wörter“, ***dǫi – dela*** „Tal – Täler“, ***ros – resa*** „Ross – Rösser“ (o: – e, aber auch ***ro:s*** unverändert im Plural), ***glǫs – glesa*** „Glas – Gläser“ (z.B. Brillenglas, Trinkgefäß ist meist das Diminutivum ***glàsl***, Plural unverändert), ***hoan – heana*** „Horn – Hörner“, ***buah – biaha*** „Buch – Bücher“, ***loh – leha*** „Loch – Löcher“, ***kǫib – kɛiwa*** „Kalb – Kälber“ (im Singular häufig Diminutiv ***kàiwal*** dann Plural unverändert), ***land – lenda*** „Land – Länder“. Besondere Bildung: ***da štoa – štoana / šteana*** „Stein – Steine“ (mögliches Vorbild: ***hoan – heana*** auf der Stufe ***štoan*** vor Abfall des ***-n***, **3.2.2.**).

5.3.7. Historische Anmerkung: Die auf den ersten Blick überraschende Regelung, dass Singular und Plural oberflächlich gesehen identisch sind, in Wirklichkeit aber einen Unterschied im Silbenschnitt aufweisen (**5.3.3.**), kann folgendermaßen erklärt werden. Im einsilbigen Singular ist eine Dehnung des Wurzelvokals erfolgt, wobei vielleicht ein gewisses Gleichgewicht mit dem ursprünglich zweisilbigen Plural erzielt wurde. Durch die Dehnung des Wurzelvokals im einsilbigen Singular entstand eine schwach geschnittene Silbe, der auf den Vokal folgende Konsonant wurde als Lenis gesprochen. In der ursprünglich zweisilbigen Pluralform unterblieb die Dehnung, als dann der auslautende unbetonte Vokal abfiel, wurde der wurzelschließende Konsonant nach dem Kurzvokal als Tenuis gesprochen. Diese Grundregel besteht in Fällen wie ***fi:š*** – ***fišš*** weiter. Vergleichbar dem Plural hat auch im Diminutivum ***fišal*** (***fiššal***) „Fischlein“ und im Verbum ***fišn*** (***fišš***) „fischen“ keine Dehnung des Wurzelvokals stattgefunden. Grundlage für diese Regelung sind jeweils die althochdeutschen Formen, der Dehnungsvorgang wurde eingehend von Kranzmayer (1956, 11) beschrieben. Es heißt ***we:g*** „Weg“ mit regelrechter Dehnung im einsilbigen Wort, das Adverb ist ***wek*** „weg, fort“ ohne Dehnung. Bei ***we:g*** ist aber der Plural identisch mit dem Singular. Die Gleichgewichtigkeit der Silben ist gewährleistet, denn dem Singular ***fi:š*** mit langem Vokal + kurzem Konsonanten steht der Plural ***fišš*** mit kurzem Vokal + langem Konsonanten gegenüber. Lange Konsonanten gibt es nicht mehr. Daher wird der Plural zu ***fiš*** (mit fortis **š**), im Singular gilt ***fiš*** (mit lenis š). Heute ist dieses System nur noch in Spuren erkennbar.

5.4. Diminutiva

Zu praktisch jedem Substantiv kann ein Diminutiv (Verkleinerungsform) gebildet werden. Die häufigste Bildungsweise zeigt ***-l***, die Verkleinerungsform ist neutral, der Wurzelvokal erfährt nach Möglichkeit *i*-Umlaut:

liad – ***liadl*** „Lied – Liedchen“, ***gl̜os*** – ***glàsl*** „Glas – Gläschen“, ***bl̜od*** – ***blàdl*** „Blatt – Blättchen“, ***huad*** – ***hiadl*** „Hut – Hütchen“, ***gwand*** – ***gwàntl*** „Gewand“, ***kistn*** – ***kistl*** „Kiste – Kistchen“, ***šnua*** – ***šnial*** „Schnur – Schnürchen“, ***dia*** – ***dial*** „Tür – Türchen“, ***šàr*** – ***šàrl*** „Schere“, ***seme*** – ***semal*** „Semmel – Semmerl“, ***ofa*** – ***efal*** „Ofen – Öfchen“

Neben einfachem ***-l*** wird auch oft ***–al*** (***-erl***) verwendet: ***šwàmal*** „Pilz, (auch) dümmlicher Mensch“ ist an sich Diminutiv zu ***šwam*** „Schwamm“ (***nim des gloa šwàmal und mah s bekn sauwa*** „nimm den kleinen Schwamm und reinige das Becken“), dagegen ist ***a šwàmal*** wohl nach dem Vorbild von „Pilz“ maskulin geworden und stellt auch kein Diminutiv mehr dar. Ebenso ist ***hàkl*** „Beil“ kein Diminutiv.

-al ist in folgenden Wörtern zu erwarten: ***fata*** – ***fatal*** „Vater – Väterchen“, ***muata*** – ***muatal*** „Mutter – Mütterchen“, ***bruada***

– ***briadal*** „Bruder – Brüderchen“, ***šwesta*** – ***šwestal*** „Schwester – Schwesterchen“; ebenso ***tsukal*** „kleiner Zucker“ – ***tsuka*** „Zucker“.

Weitere Beispiele für Diminuative: ***štoa*** – ***štoandal šteandal*** – ***štoa*** „Stein“ (***i hǫb a štoandal im šua*** „ich habe ein Steinchen im Schuh“), ***bua*** – ***buawal*** „Knabe“, dann weiter ***buale*** – ***buarle, buaš*** „Knabe, Bursche“ – ***biašal*** (meist tadelnd), ***dǫh*** – ***dàhal*** „Dach“, ***wǫŋ*** – ***wàgal*** „Wagen – Wägelchen“, ***dopf*** (o:) – ***dopfal depfal*** „Topf – Töpfchen“, ***bissal*** „kleine Menge“ gehört zu ***bis*** (i:) „Biss“, also von Haus aus „kleiner Biss“, ***bluama*** – ***bleamal*** „Blume – Blümchen“ (auch ***bleame***), ***šaufe*** – ***šàifal*** „Schaufel“, ***ràdl***, sozusagen „Rädlein“ ist die Bezeichnung für das Fahrrad, eine erneute Verkleinerungsform ***ràdal*** ist entweder das „Radl“ für ein Kind oder die Scheibe Aufschnitt, die einem Kind beim Metzger geschenkt wird.

Neben ***flàšl*** „Flasche“ steht die weitere Verkleinerung ***flàšal*** „kleine Flasche“.

šwǫim – ***šwàiwal*** „Schwalbe – kleine Schwalbe“, ***šraum*** – ***šràiwal*** „Schraube – Schräublein“, ***lampm*** – ***làmpal*** „Lampe – Lämplein“, ***štaŋa*** – ***stàŋal*** „Stange – Stängelchen“ (***sǫitsštàŋal*** „Salzstängelchen“),

fràilàin „Fräulein“ (verkürzt zu ***fràin***), ein Diminutivum zu ***frau***, war früher die Anrede für unverheiratete Frauen; ***fràilàin*** ist noch geblieben im Gaststättenbetrieb, ansonsten wird das Wort nicht mehr verwendet, im Kindergarten spricht man von der „Tante“, in der Schule von der „Lehrerin“. Im 19. Jahrhundert waren hier unverheiratete Frauen tätig, wenn sich eine Lehrerin verehelichte, dann schied sie aus dem Dienst.

Fraule und ***herrle*** werden verwendet, wenn das Verhältnis von Hunden zu ihren Besitzern angegeben werden soll.

fogl „Vogel“ hat als Diminutivum ***fogal***; man würde zu ***fogl*** das Diminutivum als ***foglal*** erwarten, freilich kann ***fogl*** zu ***fogi*** (Vokalisierung von ***-l***) führen, dann ist ***fogal*** die regelrecht Verkleinerungsform.

deandl „Mädchen“ gehört zu ***diandl*** „Dirndl“, abgeleitet von ***dian*** „Dirn, Dienstmagd auf dem Bauernhof“.

❻

Adjektiv

6.1. Das Eigenschaftswort: „stark" und „schwach"

Das Adjektiv (Eigenschaftswort) gibt Auskunft über Eigenschaften des Substantivs, auf das es sich bezieht. Gemäß den drei Genera beim Substantiv tritt auch beim Adjektiv eine entsprechende Unterscheidung auf: ***-a*** (maskulin), ***-e*** (feminin), ***-s*** (neutral) im ***M.*** als Ausgänge des Adjektivs ***guad*** „gut" sind klar erkennbar in ***a guada mo*** „ein gut*er* Mann", ***a guade frau*** „eine gut*e* Frau", ***a guads kind*** „ein gut*es* Kind". In der Folge ***a guada mo*** etc. repräsentiert ***guada*** die starke Flexion des Adjektivs bei Verwendung des unbestimmten Artikels ***a*** „ein". Beim Adjektiv unterscheidet man zwei Deklinationsweisen, nämlich das „starke" und das „schwache" Adjektiv.

Die Grundregel lautet: Das „starke" Adjektiv wird dann verwendet, wenn das zugehörige Substantiv keine nähere Bestimmung aufweist (*ein gut<u>er</u> Mensch* gilt allgemein), ist jedoch das Substantiv durch ein Demonstrativum näher bestimmt, dann erscheint das „schwache" Adjektiv (*dieser gut<u>e</u> Mensch* bezieht sich konkret auf ein Individuum). Diese grundlegende Unterteilung ist auch im ***M.*** zu beobachten: ***a ǫida mo*** „ein alter Mann" (stark), aber ***da ǫide mo*** oder ***da ǫid mo*** „der alte Mann" (schwach).

6.2. „Starkes" Adjektiv

Beim starken Adjektiv folgt auf den Wurzelbestandteil, z.B. ***gros*** „groß", ***làiht*** „leicht", ***guad*** „gut", immer ein Merkmal für Kasus, Genus und Numerus. Für das starke Adjektiv in „ein groß*er* Stein", „eine leicht*e* Flasche", „ein gut*es* Kind" gelten folgende Formen im Singular:

	maskulin	feminin	neutral
Nom.	***a grosa štoa***	***a làihte flašn***	***a guads kind***
Dat.	***am grosn štoa***	***a làihte flašn***	***am guadn kind***
Akk.	***an grosn štoa***	***a làihte flašn***	***a guads kind***

Im Plural endet das Adjektiv einheitlich auf -***e***, Kasus werden nicht unterschieden.

Bei Adjektiva auf -***s*** wie ***wàis*** „weiß" (Farbe), ***gros*** „groß" scheint das Neutrum endungslos zu sein: ***a wàis hemad*** „ein weißes Hemd", ***a gros kind*** „ein großes Kind", freilich sind ***wàis*** und ***gros*** hier als ***wàis-s*** und ***gros-s*** (vgl. ***a guad-s kind***) aufzufassen. Nominativ und Akkusativ des starken Adjektivs im Neutrum enden jeweils auf -***s***. Das starke Adjektiv wird in Fügungen wie ***wǫs šens*** „etwas Schönes", ***wǫs guads*** „etwas Gutes" substantivisch verwendet.

In gewissen Fällen hat man den Eindruck, als würde der unbestimmte Artikel doppelt verwendet: ***a gants a gšàida*** „ein ganz Gescheiter" („ein ganz ein Gescheiter"?). Vielleicht trügt der Schein. ***A so a dreg*** ist wohl als „ein solcher Dreck" aufzufassen, und bei ***soiha*** > ***soa*** kann man meinen, dass der unbestimmte Artikel auftritt. Ebenso ist verständlich: ***dǫ war i a gantsa dɛp*** „da war ich ein ganzer (= richtiger) Dummkopf" (scheinbar „ein ganz ein"). Die Abfolge ***a so a*** ist verallgemeinert worden, und man sagt ***a so a kind***, obwohl eher eine Entsprechung zu „ein solches Kind" zu erwarten wäre.

Die Adjektivform auf -***a*** kann auch ohne Veränderung nach Genus und Numerus verwendet werden: ***da fata is ǫis a graŋka hoam kema*** „der Vater ist krank (als Kranker) heimgekommen", und ganz vergleichbar heißt es ***b muata is ǫis a graŋka hoam kema*** „die Mutter ist krank (als Kranke) heimgekommen". Vermutlich ist die Fügung aus Konstruktionen wie „als (ein) kranker (Mensch)" entstanden, daher erscheint keine Differenzierung nach dem Geschlecht, es wird dem Anschein nach nur das Maskulinum verwendet.

Als übliche Position kann gelten, dass das Adjektiv attributiv vor einem Substantiv steht. Wenn das Adjektiv für sich steht, kann man von elliptischem Gebrauch reden, das zugehörige Substantiv fehlt. Substantiviert kommt ***hǫiwe*** „die Halbe" (= ein halber Liter) als Maßeinheit vor. Auch bei Zeitangeben wird ***hǫiwe*** verwendet: ***um hǫiwe ahte*** „um halb acht (Uhr)".

6.3. „Schwaches" Adjektiv

Für das schwache Adjektiv in „der alt<u>e</u> Mann", „die gut<u>e</u> Frau", „das klein<u>e</u> Kind", „die alt<u>en</u> Männer" gelten folgende Formen:

	Singular			Plural
	maskulin	feminin	neutral	
Nom.	***da ǫide mo***	***de guade frau***	***des gloane kind***	***de ǫidn mena***
Dat.	***dem ǫidn mo***	***da guadn frau***	***dem gloan kind***	***de ǫidn mena***
Akk.	***den ǫidn mo***	***de guade frau***	***des gloane kind***	***de ǫidn mena***

Im Singular sind beim schwachen Adjektiv häufig einsilbige Formen zu hören: ***da ǫid mo – de guad frau – des gloa kind*** (***gloa*** = ***gloan*** mit Schwund von -***n*** im Auslaut). Vermutlich sind die endungslosen Formen als lautgerecht entwickelt zu betrachten. Es ist durchaus denkbar, dass ***da ǫide mo*** etc. sekundär durch Einwirkung von schriftsprachlichen Formen wie *der alt<u>e</u> Mann* in der Mundart aufgekommen ist. Mit ***da gloa mo*** verweist man meist auf einen einzelnen Mann kleiner Statur. Dagegen bezeichnet ***da gloane mo*** (eher noch ***da gloane man***) vielmehr „den kleinen Mann" im Gegensatz zu den Vornehmen, Reichen und Hochgestellten. Die Formen sind aber austauschbar. Auch als Substantiva kommen ***da ǫid*** „der Alte" und ***de ǫid*** „die Alte" regelmäßig vor, ebenso ***da gloa*** „der Kleine" (= „das Kind"). Der Plural zu ***des gloa kind*** ist ***de gloan kinda*** „die kleinen Kinder".

Die kurze Form beim schwachen Adjektiv wird in bestimmten Fällen gemieden: ***da hàilige gàist*** „der Heilige Geist" weist immer die Form ***hàilige*** auf; aber hier ist mit einem Einfluss aus der überregionalen Kirchensprache zu rechnen, der sich auch beim Diphthong ***ài*** in ***hàilig*** und ***gàist*** (an Stelle von erwartetem ***oa***) zeigt (**3.2.4.**). Der Anruf ***liawa god*** „lieber Gott!" hat zur Folge, dass auch der Nominativ ***da liawe god*** „der liebe Gott" das auslautende -***e*** beibehält.

Der unbestimmte Artikel ***a*** „ein" ist das Zahlwort für „1" in unbetonter Stellung. Ein Plural in der Form ***oa*** „einige" kommt vor: ***dǫ san oa fo bàsiŋ kema*** „da sind Leute aus Pasing gekommen". Es gibt Überschneidungen mit dem bestimmten Artikel: ***i hob an wǫŋ gsɛŋ*** kann sowohl heißen „ich habe einen Wagen gesehen" als auch „ich habe den Wagen gesehen"

6.4. Steigerung: Komparativ und Superlativ

Von einigen Sonderfällen, wie etwa Farbbezeichnungen ***gɛib*** „gelb", ***blau*** „blau" etc., abgesehen, können Adjektiva verschiedene Grade ausdrücken: Komparativ ***lauda*** „lauter" drückt einen höheren Grad als der Positiv ***laud*** „laut" aus, der Superlativ ***lautst*** „lautest" (***am lautstn*** „am lautesten") bezeichnet den höchsten Grad. Die Steigerung von Adjektiva kann an folgenden Beispielen gezeigt werden:
wàid – wàida – am wàitstn „weit – weiter – am weitesten"
še – šena – am šenstn „schön – schöner – am schönsten"
wuid – wuida – am wuidastn „wild – wilder – am wildesten"
šnɛi – šnela – am šnɛistn „schnell – schneller – am schnellsten"
duŋkl – duŋkla – am duŋklstn „dunkel – dunkler – am dunkelsten"
hɛi – hela – am hɛistn „hell – heller – am hellsten"
šleht – šlehta – am šlehtastn „schlecht – schlecher – am schlechtesten"

Einige Steigerungsformen weisen *i*-Umlaut auf:
kǫid – kɛita – am kɛitstn „kalt – kälter – am kältesten"
ǫid – ɛita – am ɛitstn „alt – älter – am ältesten"
dum – dima – am dimstn „dumm – dümmer – am dümmsten"
kuats – kiatsa – am kiatsastn „kurz – kürzer – am kürzesten"
gros – grɛsa – am grɛstn „groß – größer – am größten"
laŋ – leŋa – am leŋstn „lang – länger – am längsten"
broad – breada – am breadstn „breit – breiter – am breitesten"
gloa – gleana – am gleanstn „klein – kleiner – am kleinsten"
hoas – heasa – am heasastn „heiß – heißer – am heißesten"
hoh – hea – am hekstn „hoch – höher – am höchsten"
juŋ – jiŋa – am jiŋkstn „jung – jünger – am jüngsten"
na – nɛa – am nekstn „nah – näher – am nächsten"

wam – weama – am weamstn „warm – wärmer – am wärmsten"
šwats – šweatsa – am šweatsastn „schwarz – schwärzer – am schwärzesten"

Wie in der Schriftsprache gibt es im ***M.*** einige Adjektiva, bei denen die Steigerungsformen nicht vom Positiv abgeleitet werden sondern eine eigene Wurzel aufweisen (suppletive Steigerung):
fui – meara – am màistn „viel – mehr – am meisten"
guad – besa – am bestn „gut – besser – am besten"

Wenn im Auslaut des Adjektivs ***-g*** abfällt, dann erscheint es vor dem Merkmal für den Komparativ:
drauri – drauriga „traurig – trauriger"
flàisi – flàisiga „fleissig – fleissiger"
dreki – drekiga „dreckig – dreckiger"
Zu ***dàia*** „teuer" lautet der Komparativ ***dàiriga***. Zu ***sauwa*** „sauber" kommt ***sauwriga/saubriga*** „sauberer" vor.

Der Vergleich erfolgt normalerweise mit ***wia***:
da sɛp is grɛsa wia i „Sepp ist größer als ich"
dǫ is oana dima wia da anda „da (hier) ist einer dümmer als der andere"
hàid hǫst meara flàiš gesn wia gestan „heute hast du mehr Fleisch gegessen als gestern".

Der Komparativ kann auch den höchsten Grad ausdrücken:
da gleana is da rudi „Rudi ist der Jüngste (wörtlich Kleinere)"
da gloa is da gleana „der Kleine ist der Jüngste (wörtlich Kleinere)"
de meara tsàid heißt „die meiste Zeit" (***ea bɛitst se de meara tsàid*** „die meiste Zeit faulenzt er, pelzt sich, lässt es sich gut gehen").

In adverbialer Funktion wird ***mea*** verwendet: ***da sɛp ist mea wia da mihi*** „Sepp isst mehr als Michael"; auch hier ist ***meara*** möglich.

Der Komparativ drückt keineswegs immer einen Vergleich aus, er kann auch für sich allein, also absolut, verwendet werden. ***ea is a nima da gsinda*** „er ist keineswegs sehr gesund" (er ist auch nicht mehr der Gesündere im Sinne von Gesündeste); ***am liawan dàd i ins gebiag fan*** „am liebsten (wörtlich lieberen) würde ich ins Gebirge fahren"; ***wia kimt ma am gšàidan nǫh …*** „wie kommt man am besten nach …"

Der Komparativ folgt der schwachen Adjektivflexion: *der größere Mann, die größere Frau, das größere Kind, die größeren Männer, Frauen, Kinder.*

	maskulin	feminin	neutral	Plural
Nom.	***grɛsane***	***grɛsane***	***grɛsane***	***grɛsan***
Dat.	***grɛsan***	***grɛsan***	***grɛsan***	***grɛsan***
Akk.	***grɛsan***	***grɛsane***	***grɛsane***	***grɛsan***

Die Silbe -***ne*** kann fehlen: ***i bin dǫ šo da gresa dɛp gwesn*** „ich war da schon der größte Dummkopf"; neben ***des is da kiatsane weg*** kann man auch sagen ***des is da kiatsa weg*** „das ist der kürzere Weg" (bedeutet oft „das ist der kürzeste Weg"). Die Formen mit ***-an-*** sind sekundär entstanden. Die Komparativformen des Typs ***da làihtare*** „der leichtere" haben das auslautende -***e*** verloren, und die resultierende Form ***da làihta*** (mit Abfall von -***r***) hat die Flexion auf -***n*** angenommen und letztlich zu ***da làihtane*** geführt.

Pronomen

7.1. Personalpronomen

7.1.1. Das Personalpronomen (Persönliches Fürwort) kann ein Substantiv vertreten:
da sɛp kimd – ea kimd „Sepp kommt – er kommt“
bmari kimd – si kimd „Maria kommt – sie kommt“
(***de***) ***kinda siŋa – si siŋa*** „die Kinder singen – sie singen“
Für die 1. und 2. Person kennt das Personalpronomen weder im Singular noch im Plural eine Genusunterscheidung. Die in der 3. Person gebräuchlichen Formen erlauben im Singular eine dreifache Genusunterscheidung (maskulin ***ea*** „er“, feminin ***si*** „sie“, neutral ***es*** „es“), für den Plural gibt es nur eine gemeinsame Form (***si*** „sie“). Drei Kasus sind zu unterscheiden: Nominativ, Dativ, Akkusativ.

Singular

	1. Person	2. Person	3. Person		
			maskulin	feminin	neutral
Nominativ	***i***	***du***	***ea***	***si***	***es***
Dativ	***mia/ma***	***dia/da***	***eam***	***ia/iara***	***eam***
Akkusativ	***mi/me***	***di/de***	***eam***	***si/s***	***as/s***

Plural

Nominativ	***mia/ma***	***ia//es***	***si***
Dativ	***uns, ins***	***àih//enk***	***eana***
Akkusativ	***uns, ins***	***àih//enk***	***si/s***

7.1.2. Die nach einfachem Schrägstrich / stehenden Formen sind unbetont und daher in ihrer Artikulation reduziert. Dabei treten Verschmelzungen mit angrenzenden Wötern auf. Wenn sich eine Form des Personalpronomens auf den Konsonanten reduziert, dann kann ein unbetonter Vokal eingeschoben werden: ***s*** „sie“ kann als ***as*** auftreten, z.B. ***hǫst s*** „hast du sie?“ oder „hast du es?“ > ***hǫst as***.

Folgende Beispiele zeigen Personalpronomina in verschiedenen Kontexten: ***bǫist n sigst sǫgst ma s*** „wenn du ihn siehst, sagst du es mir“, ***bǫist s sigst sǫgst ma s*** „wenn du sie (eine Frau oder auch mehrere Personen) siehst, sagst du es mir“ (auch ***bǫist as sigst*** ...), ***bǫist as sigst sǫgst ma s*** „wenn du es (Neutrum, z.B. das Kind) siehst, sagst du es mir“, ***wiar i s gsɛŋ hǫb wa s šo foabài*** „wie ich es gesehen habe, war es schon vorbei“, ***wiast as gsɛŋ hǫst wa s šo foabài*** „wie du es gesehen hast, war es schon vorbei“, ***hǫw i di gsɛŋ*** „habe ich dich gesehen?“ (= „soll ich dich etwa gesehen haben?“), ***fràili hǫst mi gsɛŋ*** „freilich hast du mich gesehen“ (***hǫst(d)(u)mi*** > ***hǫsmi***), ***habts as gsɛŋ*** „habt ihr sie (oder es) gesehen?“, ***hǫstas gsɛŋ*** „hast du sie (oder es) gesehen?“, ***gebts ma s*** „gebt es mir!“, ***gib ma s*** „gib es mir!“ (auch ***gibs mia***, ***gibs ma***), ***hǫst as gsǫgd*** „hast du es gesagt?“, nachdrücklicher ***hǫst du s gsǫgd*** oder noch nachdrücklicher ***hǫst as du gsǫgd, gwis hǫwi s gsǫgd*** „ganz bestimmt habe ich es gesagt“, ***šauŋ o*** „schau ihn an!“, ***eam šaug o*** (mit Überraschung, auch Missbilligung) „was sich er wohl einbildet!“ (wörtlich „ihn schaue an!“), das Personalpronomen ***eam*** kann auch durch das Demonstrativum ***den*** ersetzt werden, ***jǫ den šaug o*** drückt in noch stärkerem Maß ein Erstaunen aus („was dieser Mensch sich wohl einbildet!“), ***šaug da s o*** (***šaug s da o***) „schaue es (sie) dir an“, ***si briŋd da n*** „sie bring ihn dir“, ***si briŋd n dia glài*** „sie bringt ihn dir gleich, z.B. den Braten“, ***i huif da šo*** „ich bin dir schon behilflich“, ***i huif iara šo*** „ich bin ihr schon behilflich“, ***i huif àih šo*** „ich bin euch schon behilflich“, ***i huif eana šo*** „ich bin ihnen/Ihnen schon behilflich“ (tadelnde Bedeutung „ich will es ihnen/Ihnen zeigen!“ ist auch möglich), ***i hǫb ma s bštɛid*** „ich habe es (z.B. das Essen) mir bestellt“ (möglich auch ***i hǫb s ma bštɛid***, mit anderer Betonung ***i hǫbs mia bštɛid*** „ich habe es für mich bestellt“), ***sigstn*** „siehst du ihn“, aber ***si ham an gfuntn*** „sie haben ihn gefunden“, ***wan an b frau sigd*** „wenn die Frau ihn sieht“, ***dǫ hǫd sa se deŋkt*** „da hat sie sich gedacht“ (***sa*** = sie, ***se*** = sich), ***aus is und gǫ is und šǫd is dàs wǫ is*** „aus ist es, und vorbei ist es, und schade ist es, dass es wahr ist“ (Vokal von „es“ fehlt scheinbar, ***is*** ist jeweils als ***is s*** „ist es“ aufzufassen, ebenso ***dàs*** als ***dàs s***), ***gib ma s*** „gib es mir“ (wörtlich: *gib mir es*), ***gib ma s***, wenn das Personalpronomen betont wird, ***gib s mia und ned eam*** „gib es mir und nicht ihm!“

Eine Reihe der genannten Formen ist historisch gut verständlich, weil sich entsprechende Formen in den verwandten Sprachen finden und auch das System in der Schriftsprache weitgehende Übereinstimmungen aufweist. Die Form ***ins*** weist i-Umlaut auf; Bemerkungen erfordern die Formen für „wir“ und „ihr“.

7.1.3. Plural *mia* „wir"

Bemerkenswert ist in diesem Formensystem das Fehlen einer direkten Fortsetzung von althochdeutsch *wir* „wir“, es wird ***mia*** verwendet, gleichlautend mit ***mia*** „mir“. Warum ist *wir* verloren gegangen? Man kann überlegen, dass der Gleichklang (Homophonie) mit ***wia?*** „wie?“ als hinderlich empfunden wurde: ***wia wia moana ...*** konnte zu ***wia mia moana*** „wie wir meinen“ führen. Eine ausreichende Begründung für den Ersatz von *wir* durch ***mia*** ist dies aber sicherlich nicht. Die Form ***mia*** ist wohl als Mischung (Kontamination) von ***-m-***, dem Merkmal für 1. Person Plural beim Verbum, und ***-ir*** > ***-ia***, dem Auslaut des ursprünglichen Personalpronomens *wir*, aufzufassen. Vermutlich ist in der 1. Person Plural in Fällen wie *heute gehen wir* das Personalpronomen mit dem Verbum verschmolzen, aus ***hàid gema*** ist ***ma*** als Personalpronomen losgelöst und dann unter dem Einfluss des betonten ***wia*** zu ***mia*** umgeformt worden. Letztlich ist ***wia*** „wir“ weitgehend ausgestorben und ***mia*** an seine Stelle getreten.

Wenn ***ma*** (***mia***) auf das Verb folgt, dann wird das Pronomen immer abgeschwächt und auch teilweise an die Verbalform assimiliert: ***nema ma*** > ***nema*** „nehmen wir“ (***nema s ràdl*** „fahren wir mit dem Fahrrad?“), ***šlɛpa ma*** > ***šlepma*** „schleppen wir“ (***šlɛpma de dǫšn ǫiwài rum*** „schleppen wir diese Tasche dauernd herum?“), ***kena ma*** > ***kenma*** > ***kema*** „können wir“ (***kema uns dǫ hisetsn*** „können wir hier Platz nehmen?“, ***des kema brauha*** „das können wir brauchen, das haben wir nötig“, ***des kema grǫd brauha*** „das können wir gerade brauchen, das kommt uns ungelegen“), ***kàfa ma*** > ***kàfma*** „kaufen wir“ (***kàfma uns wǫs tsundriŋka*** „kaufen wir uns etwas zu trinken“), ***brauha ma*** > ***brauhma*** „brauchen wir“ (***brauhma des ǫis*** „brauchen wir das alles?“), ***maha ma*** > ***mahma*** „machen wir“ (***mahma uns an šena dǫg*** „machen wir uns einen schönen Tag!“), ***ren ma*** > ***renma*** > ***rema*** „reden wir“ (***rema iwa d làid*** „reden wir über die Leute!“).

Mit (unbetontem) ***ma*** „wir“ ist lautlich zusammengefallen ***ma*** „man“, immer im Nominativ mit Verb in 3. Person Singular: ***ma sǫgd ja blos*** „man redet nur so, man will nichts Konkretes oder gar Kritisches ausdrücken“ (tut man aber trotzdem). Einzelne Fälle sind zweideutig: ***deafma des sǫŋ*** „darf man dies sagen?“ oder „dürfen wir dies sagen?“

7.1.4. Formen für „ihr/euch“

In 2. Person Plural entsprechen ***ia/àih*** „ihr/euch“ den Formen in anderen deutschen Dialekten. Die Alternativformen ***//es//eŋk*** im ***M.*** stellen ererbtes Material dar, das durch die Sprachvergleichung gesichert ist: ***//es//eŋk*** gehören dem Paradigma des Duals an. Der Dual war ursprünglich die Bezeichnung für das paarweise Auftreten, also etwa „Frau + Mann“, „Schwester + Bruder“, „zwei Augen“, „zwei Hände“ etc. Der Dual war für 1. Person („wir beide“), 2. Person („ihr beide“) und 3. Person („sie beide“) möglich. Die Dualformen des Personalpronomens sind in den Frühstufen der verwandten germanischen Sprachen (Gotisch, Nordisch, Altenglisch) erkennbar, daher ist mit Sicherheit anzunehmen, dass auch das Althochdeutsche diese Formen ererbt hat, sie sind aber erst später belegt. Aus dem Altenglischen sind die Formen *git* „ihr beide“ und *inc(er)* „euch beide“ bekannt, die lautlich mit ***es*** und ***enk*** zusammenpassen. Im Mittelhochdeutschen wird die uns beschäftigende Form *ez* geschrieben. Bei dem Wiener Patrizier Enikel (13. Jahrhundert) findet sich folgende Zeile: *so gewint ez beidiu freuden vil* „so erlangt ihr beide der Freuden viel“ (Weltchronik, Vers 2024). Hier bezieht sich *ez beidiu* „ihr beide“ auf Mann und Frau. Wie die Textstelle zeigt, konnte der Dual der 2. Person gut zur Anrede von „Mann + Frau“ verwendet werden. Es ist anzunehmen, dass die Form *ez* „ihr beide“ insbesondere seitens der Kinder bei der Anrede von Eltern gebraucht wurde.

Vermutlich war damit auch in gewisser Hinsicht eine höfliche Anrede verbunden. Sowohl ***es*** als auch ***ia*** waren früher als respektvolle Anrede gebräuchlich. Wir werden also annehmen, dass ***es/eŋk*** ursprünglich „ihr beide" geheißen hat. Die besondere Bedeutung des Duals kann relativ leicht verblassen, der Dual steht dann im Gegensatz zum Singular und fungiert als Plural. Das Personalpronomen ***es/eŋk*** stellt eine der wichtigsten Kennformen des Bairischen dar. Zwar wird ***es*** immer mehr durch ***ia*** ersetzt, alleinstehend kommen aber noch Formen wie ***wǫs mahtsn es dǫ*** „was macht denn ihr da?" oder ***es depn es*** „ihr Dummköpfe!" vor. In ***gɛts*** „ihr geht" etc. ist das Personalpronomen ***(e)s*** an die Verbalform ***gɛt*** „ihr geht" angetreten (**9.2.1.**). Das Personalpronomen kann sogar nochmals angefügt werden: ***gɛts es šo hoam*** oder ***gɛts ia šo hoam*** „geht ihr schon nach Hause?" Das auslautende ***-s*** in der 2. Person Plural (***gɛts*** „ihr geht", „geht!") kann sich noch weiter ausbreiten. Es heißt durchaus: ***pfiats àih*** (anstelle von ***pfiad àih***), obwohl freilich ***pfiad*** gar keine Form für 2. Person Plural darstellt, sondern der Konjunktivform für 3. Person Singular („behüte ...") ist (**9.5.2.**).

7.1.5. Höfliche Anrede

Die höfliche Anrede, die von Haus aus nicht üblich ist, folgt den Gepflogenheiten der Schriftsprache: ***si*** ist identisch mit dem Personalpronomen für die 3. Person Plural, und damit kann die gleiche Doppeldeutigkeit wie in der Schriftsprache auftreten: ***seŋ s as*** „sehen Sie/sie es" (z. B. das Gebirge), auch „sehen Sie/sie (die Frau). Eine Besonderheit besteht darin, dass die Dativform auch als Akkusativ verwendet wird: ***i huif eana šo*** „ich bin Ihnen/ihnen schon behilflich", ***i sig eana šo*** „ich sehe Sie/sie schon" (im Plural eher ***i sig s šo*** „ich sehe sie, etwa die Berge, schon"), ***bàsns auf dàs eana ned friad*** „passen Sie auf, dass es Sie nicht friert, dass Sie sich nicht erkälten".

7.2. Reflexivpronomen

Das Reflexivpronomen drückt einen Rückbezug auf das Subjekt aus: *ich wasche mich* im Gegensatz zu *ich wasche die Hemden*. In der 1. und 2. Person Singular und Plural wird die Akkusativform des Personalpronomens in diesem Sinn verwendet, in der 3. Person ist die Form im Althochdeutschen *sih* und lebt im ***M.*** als ***si/se*** weiter. Ein eindeutig reflexiv verwendetes Personalpronomen liegt in folgendem Satz vor: ***i waš me jedn dǫg mid kǫidm wasa*** „ich wasche mich täglich mit kaltem Wasser“. Einige Besonderheiten der Verwendung des Reflexivpronomens können erwähnt werden: ***i duš me ǫiwai kuats mid kǫidm wasa*** „ich dusche immer kurz mit kaltem Wasser“, ***i dua me làiht mim lesn*** „mir fällt das Lesen leicht“ (wörtlich „ich tue mich leicht mit dem Lesen“), ***i gɛ me šwàr*** „das Gehen fällt mir schwer“ (wörtlich „ich gehe mich schwer“), ***i šnauf me šwàr*** „ich habe Schwierigkeiten beim Atmen“ (wörtlich „ich atme mich schwer“), ***du retst de làiht*** „du hast leicht reden“ (wörtlich „du redest dich leicht“), ***da bɛda und b mari fatrǫŋ se guad*** „Peter und Maria vertragen sich gut“, ***da bɛda und b mari drefa se am banof*** „Peter und Maria treffen sich am Bahnhof“, ***da bɛda wui se wašn*** „Peter will sich waschen“, ***wuist du de wašn*** „willst du dich waschen“?, ***woin sa se wašn*** „wollen sie sich waschen (die Kinder)?“

In der Höflichkeitsform wird das Reflexivum nicht verwendet: ***woins eana wašn*** (kaum ***woins se wašn***) „wollen Sie sich waschen?“, ***dǫ hams eana daišt*** „da haben Sie sich getäuscht, da irren Sie“. Bei reflexivem Gebrauch hat ***šlàiha*** „schleichen“ die Bedeutung „weggehen“: ***i šlàih me šo*** bedeutet etwa „ich bin schon bereit, mich zurückzuziehen“, und der Imperativ ***šlàih di*** ist identisch mit ***hau ab*** „geh weg! weiche! verschwinde!“

Weitere Beispiele für reflexiven Gebrauch: ***des ghead se so*** (***kead***) „das muss so sein, das gehört (sich) so“, ***wia sa se kead*** „wie es sich gehört“, ***dǫ fɛid se niks*** „da ist alles in Ordnung, da fehlt (sich) nichts“, ***si špuid se blos*** „sie spielt nur herum“, ***i šik mi šo*** „ich beeile mich schon, ich schicke mich schon“, ***ǫiwai meara làid sǫŋ dàs sa se fabrena lasn*** „immer mehr Leute sagen, dass sie sich verbrennen lassen (Urnenbestattung)“.

7.3. Possessivpronomen

Das Possessivpronomen erscheint wie ein Adjektiv vor dem zugehörigen Substantiv und weist Flexion nach Genus, Kasus und Numerus auf. Die Formen für ***mài*** „mein“ lauten folgendermaßen („mein Hut“, „meine Hose“, „mein Hemd“, „meine Hüte“):

	maskulin	feminin	neutral	Plural
Nom.	***mài huad***	***mài hosn***	***mài hemad***	***mài(ne) hiad***
Dat.	***màim huad***	***màina hosn***	***màim hemad***	– " –
Akk.	***màin huad***	***mài hosn***	***mài hemad***	– " –

dài „dein“ und ***sài*** „sein“ weisen die entsprechenden Formen wie ***mài*** auf. Für den Plural („unser Ochse“, „unser Kuh“, „unser Schaf“, „unsere Ochsen“) kann folgendes Paradigma angegeben werden:

Nom.	***unsa oks***	***unsa kua***	***unsa šǫf***	***unsane oksn***
Dat.	***unsam oksn***	***unsara kua***	***unsam šǫf***	– " –
Akk.	***unsan oksn***	***unsa kua***	***unsa šǫf***	– " –

Für die 2. Person Plural lautet das Possessivpronomen ***àia*** „euer“ (***eŋka*** wird nur selten verwendet), In der 3. Person Plural erscheint ***eana*** „ihr“.

Alleinstehend nach Artikel erscheinen folgende Formen: ***da màine, da màinige, da mài*** „der meine“, ***da unsare, da unsa*** „der unsere“, im Feminum auch ***d unsrige*** „die unsere“. Als Genitiv ist ***màina*** einzustufen: ***weŋ màina*** „wegen mir, meinethalben“; ebenso ***unsa*** „unser“: ***unsa tswoa*** „wir zwei, wir zu zweit“, ***unsaroana*** „unsereiner“ auch ***unsaroans*** „so jemand wie wir“.

Selbstständiger Gebrauch ist möglich: ***des is des màinige, dàinige, sàinige*** „das ist das meine, das deine, das seine“. Das Possessivum ***sài*** „sein“ ist nicht auf männliche Besitzer beschränkt, sogar mit pluralischer Bedeutung kann es verwendet werden, es kann sich auf alle Geschlechter beziehen, aber für das Femininum ist ***ia*** durchaus häufig: ***des is da mari sài haus*** (auch

ia haus) „das ist Marias Haus“ („das ist der Maria sein Haus“); ***de buam fom sep de ham jeda sài haus*** „Sepps Söhne haben alle eigene Häuser“ (= jeder von Sepps Söhnen hat ein eigenes Haus). ***mài*** kann eine durchaus besondere Bedeutung haben. In ***mài guade frau wǫs mahma jɛts dǫ*** „meine gute Frau, was machen wir jetzt da?“ kann zwischen ***mài*** und ***guade*** eine gewisse Pause sein, dann ist ***mài*** nicht als Possessivum („meine gute Frau ...“) sondern als Hilferuf („o mei ...“) aufzufassen. Diese Form ***mài*** wird in der Floskel ***o mài*** oft verwendet, die Langform ***o mài o mài*** (beliebig oft wiederholbar) ist letztlich aus der religiösen Sprache „oh mein Gott“ genommen. Nach einer minimalen Pause kann die Aussage fortgesetzt werden: ***o mài o mài guade frau dǫ kema niks mea maha*** „ach Gott, gute Frau, da können wir leider nichts mehr machen“.

7.4. Interrogativpronomen

Die Formen können folgendermaßen angegeben werden:

	Personen	Sachen
Nominativ	***wea***	***wǫs***
Dativ	***wem***	---
Akkusativ	***wen***	***wǫs***

Das Interrogativum ***wea*** „wer?“ fragt nach einer Person, ***wǫs*** „was?“ fragt nach einer Sache. Bei ***wea*** gibt es keine eigene Form für das Femininum. Auch ein Plural ist nicht möglich. Wenn man fragt: ***wea is kema*** „wer ist gekommen?“, kann man eben nicht wissen, ob die Person männlich oder weiblich ist, es könnte sich auch um mehrere Personen handeln. Im Dativ und Akkusativ heißt es ***wem hǫst as gem?*** „wem hast du es gegeben?“ und ***wen hǫst gsɛŋ?*** „wen hast du gesehen?“

Der Genitiv existiert im ***M.*** nicht, daher muss „wessen“ umschrieben werden: ***wem sài haus is des?*** „wessen Haus ist das?“, ***wem sài ràdl isn des dǫ*** „wem gehört denn dieses Fahrrad?, (wem sein Fahrrad ist denn dieses da?)“, ***wem sàine biacha san n de dǫ*** „wem gehören diese Bücher? (wem seine Bücher sind denn diese?“)

Bei ***wǫs*** „was?“ gibt es keine Kasusunterscheidungen: ***wǫs is des*** „was ist das?“, ***wǫs moanst?*** „was meinst du?“, ***fo wǫs retstn*** „worüber sprichst du denn (von was redest du denn)?“

Man kann zwar sagen: ***wem hǫstn des buah gem?*** („Wem hast du denn dieses Buch gegeben“), aber mit ***wǫs*** ist eine entsprechende Konstruktion nicht möglich, man verwendet eine Präposition: ***tsua wǫs braukstn des*** „wozu brauchst du denn das?“, ***mid wǫs wuist n des tsǫin*** „womit willst du denn das bezahlen?“

Bei *welcher welche welches* handelt es sich ursprünglich um ein zusammengesetztes Interrogativpronomen. Dieses Interrogativum wählt aus mehreren Elementen aus, daher hat es ein volles Paradigma nach Numerus, Genus und Kasus: *welcher Mann, welche Frau, welches Kind.*

	maskulin	feminin	neutral
Nom.	***wɛiha***	***wɛihe***	***wɛihas***
Dat.	***wɛihan***	***wɛihan***	***wɛihan***
Akk.	***wɛihan***	***wɛiha***	***wɛihas***

dǫ san fimf epfe wɛihan wuist hǫm „Hier sind fünf Äpfel. Welchen willst du haben?“ Plural: ***de wɛihan sǫŋ des*** „welche Leute sagen dies?“

Nach der Beschaffenheit fragt: ***wǫs fiara bledsin isn des?*** „welcher Blödsinn ist denn dies?“ Reaktion: ***a soiha bledsin*** „solch ein Blödsinn“, ***wǫs fia oana is den kema?*** „welcher Typ ist denn gekommen?“, ***wǫs fia oa sàits n es?*** „welcher (minderwertigen) Art seid denn ihr?“

7.5. Demonstrativpronomen

Für das Demonstrativpronomen können folgende Formen angegeben werden:

	maskulin	feminin	neutral	Plural (alle Genera)
Nom.	***dea***	***de***	***des***	***de***
Dat.	***dem***	***dera***	***dem***	***dene***
Akk.	***den***	***de***	***des***	***de***

Am meisten fällt auf, dass eine genaue Entsprechung zu *dieser, diese, dieses* im ***M.*** fehlt, ebenso kommen *jener* und *derjenige* nicht vor.

dea de des ist das am häufigsten gebrauchte Demonstrativum und hat auch die Funktion von ungebräuchlichem *dieser* übernommen. Ebenso wird ***dea de des*** oft verwendet, wenn man ein Personalpronomen der 3. Person erwartet, z.B. ***i ken s šo de hǫd se a nàis audo kaft*** „ich kenne sie schon; sie (die) hat sich ein neues Auto gekauft".

Wenn ein gewisser Nachdruck gewünscht wird, dann wird ***dea de des*** durch ***dǫ*** verstärkt: ***wia hoastn dea beag dǫ*** „wie heißt denn dieser Berg?" Etwas eingehender: ***wia hoastn dea beag dǫ dea dǫ*** „wie heißt denn dieser Berg, dieser da?", ***de dǫ moan i*** „diese da meine ich" (diese Leute oder diese Dinge), ***leg des dǫ aufn diš hi*** „lege dieses da auf den Tisch hin!" (etwas Bestimmtes)

Eine weitere Verstärkung ist möglich: ***leg des dǫ dǫ aufn diš hi*** „lege dieses da hier auf den Tisch hin!" (das erste ***dǫ*** ist Verstärkung für ***des***, das zweite ***dǫ*** gibt den Ort mit „hier" an und folgt nach einer minimalen Pause). Man kann noch weiter betonen: ***leg des dǫ dǫ dǫ aufn diš hi***. ***wǫs gibt ma den dene kinda dǫ*** „was soll man denn diesen Kindern geben" (die etwa als Sternsinger an die Türe kommen)

Das Demonstrativum hat keinen Genitiv, also eine Zugehörigkeit muss entsprechend umschrieben werden: ***ea bsuacht sàin šwǫga und dem sàin fata*** „er besucht seinen Schwager und dessen Vater".

7.6. Relativpronomen

Relativsätze haben eine erweiternde Funktion. Es ist zu bemerken, dass Relativsätze immer eine gewisse Spannung erzeugen, in der gesprochenen Rede werden sie eher gemieden. Zwei Sätze sind immer möglich: ***Mia ham amǫi an hund kabt am liawan is a am ofa gleŋ*** „wir hatten einmal einen Hund; am liebsten ist er am Ofen gelegen" (= „wir hatten einmal einen Hund, der am liebsten am Ofen gelegen ist").

Die häufigste Form der relativen Anbindung geschieht durch

wo, ursprünglich eine Einleitung für eine Frage nach einer Ortsangabe: ***wo is mai huad*** „wo ist mein Hut?“ oder ***da bua wo des gsǫgd hǫd is fimf ja ǫid*** „der Bub, der das gesagt hat, ist fünf Jahre alt“. Das Relativpronomen kann sich auf Personen und Sachen beziehen: ***des is de hosn wo mai fata okabd hǫd*** „das ist die Hose, die mein Vater getragen hat“.

In den Fällen, in denen ***wo*** nicht als ausreichend empfunden wird, kann das Demonstrativum entweder allein oder mit ***wo*** zusammen einen Relativsatz einleiten: ***de frau de wo gestan glitn hǫd is insa nahbarin*** „die Frau, die gestern geläutet hat, ist unsere Nachbarin“

Beim Dativ ist folgende Konstruktion möglich: ***de frau dea wo i gholfa hǫb is insa nahbarin*** „die Frau, der ich geholfen habe, ist unsere Nachbarin“ (***wo*** allein ist aber auch möglich, vielleicht etwas unbeholfen)

Weitere Beispiele für Relativsätze: ***dea fuim densd gestan gsɛŋ hǫsd is gants nài*** „der Film, den du gestern gesehen hast, ist ganz neu“, ***des teadaštikl desd hàid gsɛŋ hǫsd is à gants nài*** „das Theaterstück, das du heute gesehen hast, ist auch ganz neu“, ***de štǫd wods gwesn sàits*** „die Stadt, wo ihr wart“, ***des is ned da mo densd du gsuaht hǫsd, des is ned da mo den wosd du gsuaht hǫsd*** „das ist nicht der Mann, den du gesucht hast“, ***des is ned da mo dends es gsuaht habts*** oder ***des is ned da mo den wods es gsuaht habts*** „das ist nicht der Mann, den ihr gesucht habt“, ***dea wǫs des gsǫgt hǫd, dea wo des gsǫgd hǫd*** „der, welcher das gesagt hat“, ***de wǫs des gsǫgd hǫd, de wo des gsǫgd hǫd*** „die, welche das gesagt hat“, ***des wǫs i kàft hǫb*** „das, was ich gekauft habe“, ***de wo ma gsɛŋ ham*** „diejenigen, die wir gesehen haben“, ***da bǫi wo ma damid gšpuid ham*** „der Ball, mit dem wir gespielt haben“ (nicht „womit“), ***de hǫd an hund dem sài fɛi braun is*** „sie hat einen Hund, dessen Fell braun ist“, aber geläufiger ist ohne Zweifel ***de hǫd an hund, dem sài fɛi is braun***, der Nebensatz wird also durch einen beigeordneten Hauptsatz ersetzt.

7.7. Indefinitpronomen

Indefinite Verhältnisse können sehr unterschiedlich ausgedrückt werden. Die unbestimmten Fürwörter ***ale*** „alle", ***koana*** „keiner", ***iagadwea*** „irgendwer, irgendjemand", ***neamd*** „niemand" weisen geringfügige Verschiedenheiten zur Schriftsprache auf. Bemerkenswert ist das Fehlen von Entsprechungen zu „jemand" und „einige".

Im Singular wird ***oana***, im Plural ***oa*** aus dem Paradigma von „1" verwendet: ***oana muas s ja maha*** „irgendjemand muss es ja machen", ***dǫ hǫd oana amǫi gsǫgd dàs*** „da hat jemand einmal gesagt, dass ...", ***oa fo dahau san drausn*** „Leute aus Dachau sind draußen", ***wǫs fia oana isn des*** „welcher Art ist er denn?" (meist mit Bedenken geäußert), ***wǫs fia oa*** „welche Leute?", ***des miasn oa fo àih gwesn sài*** „das müssen welche von euch gewesen sein", ***wǫs fia oa sàids n ia*** „was seid ihr denn für welche (Kerle)" (meist tadelnd: „ihr taugt nichts").

oans/oas „eines" ist die Form des Neutrums von ***oana*** „einer", hat aber auch indefinite Funktion ohne Genusunterscheidung: ***do muas oans laŋ špan bis ma se a so a haus kàfa ko*** „da muss man lang sparen, bis man sich so ein Haus (ein so ein Haus) kaufen kann"

„***oana***" und „***anda***" („zweiter") verschmelzen zu ***ananda*** „einander", mit ***bài*** „bei" finden wir ***bàinand*** etwa in der Folge ***ea is no guad bàinand*** „er ist (gesundheitlich) noch in guter Form", auch ***jɛts hǫsd as awa gnau bàinanda*** „jetzt hast du die Grenze des Ertragbaren erreicht, jetzt gibt es bald eine Auseinandersetzung".

sɛi entspricht schriftsprachlichem „selb": ***sɛi mo hǫd gsǫgd*** „jener Mann hat gesagt". Häufig ist ***sɛi*** mit dem Artikel verbunden: ***dasɛi hǫd gsǫgd*** „derselbe hat gesagt", ***dea sǫgd ǫiwài desɛi*** „er sagt immer das Gleiche".

Weitere Beispiele für Indefinitpronomina: ***wen wea wǫs sǫgd*** „wenn jemand etwas sagt", ***mǫg wea wǫs*** „wünscht jemand etwas?", ***wen s oana hɛad*** „wenn es jemand hört", ***wen oans graŋ is soin neamd štean*** „wenn jemand krank ist, soll ihn niemand stören", ***neamd hǫd ogruafa*** „niemand hat angerufen", ***dǫ is neamd dǫ*** „da ist niemand"; auch ***koana*** (***dǫ is koana dǫ*** „da ist niemand zu Hause", ***dǫ is koana ned dǫ***).

niks „nichts“ ist die allgemeine Verneinung: ***wǫs gibts niks*** „was gibt es? nichts“

mia is wǫs blεds basiad „mir ist etwas Dummes zugestoßen“, ***da oa sǫgd so da nekst sǫgd so a jeda sǫgd wǫs andas*** „der eine sagt so, der nächste sagt so, jeder sagt etwas anderes“, ***dǫ ko oas grǫd maha wǫs wui*** „da kann man gerade machen, was man will …“

ma, die unbetonte Form von ***mo*** „Mann“, kommt in indefinitem Sinn vor: ***dǫ ko ma niks maha*** „da kann man nichts machen, das lässt sich nicht ändern“, ***ma sǫgd ja blos*** „man sagt ja nur …“, ***wǫs fia a sauštǫi*** „was für ein Saustall“.

8 Zahlwort

8.1. Das Zählen

Zu den Grundfertigkeiten, die ein Mensch früh erlernt, gehört das Zählen. Ein Kind zählt „1" – „2" – „3" in aufsteigender Folge. Das Zählen kann unendlich fortgesetzt werden. Man unterscheidet die Kardinalzahlen (Grundzahlen: „eins" – „zwei" – „drei" ...) von den Ordinalzahlen (Ordnungszahlen), die jeweils eine Position in einer Reihe angeben („der fünfte", „der zehnte", „der hundertste" etc.).

8.2. Kardinalzahlen (Grundzahlen)

8.2.1. Für die Kardinalzahlen (Grundzahlen) im ***M.*** können folgende Formen angegeben werden:
oans „eins", ***tswoa*** (auch ***tswo***) „zwei", ***dràì*** „drei", ***fia*** „vier", ***fimf*** „fünf" (auch mit leichter Rundung ***fümf/fünf***), ***seks*** „sechs", ***sim*** „sieben", ***aht*** „acht", ***nàin*** „neun", ***tsen*** „zehn", ***ɛif*** „elf", ***tswɛif*** „zwölf", ***dràitsen*** „dreizehn", ***fiatsen*** „vierzehn", ***fuhtsen*** „fünfzehn", ***sɛhtsen*** „sechzehn", ***sibtsen*** „siebzehn", ***ahtsen*** „achtzehn", ***nàintsen*** „neunzehn", ***tswantsg*** „zwanzig", ***oanatswantsg*** „einundzwanzig", ***tswoaratswantsg*** „zweiundzwanzig", ***dràiatswantsg*** „dreiundzwanzig", ***dràisg*** „dreißig", ***fiatsg*** „vierzig", ***fuhtsg*** „fünfzig", ***sɛhtsg*** „sechzig", ***siwatsg*** „siebzig", ***ahtsg*** „achtzig" (***dràiadahtsg*** „83", ***fiaradahtsg*** „84" etc.), ***nàintsg*** „neunzig", ***hundad*** „hundert", ***hundadswantsg/hundadundtswantsg*** „hundertundzwanzig", ***tswoahundad*** „zwei hundert", ***dausnd/dausad*** „tausend", ***tswoadausnd/tswoadausad*** „zweitausend".

8.2.2. Die angegebenen Formen kann man als die Grundlage für das Zählen „1 – 2 – 3“ etc. betrachten. Die Formen werden zusammen mit folgenden Substantiven verwendet: ***dràì fraun um fimf kinda*** „drei Frauen und fünf Kinder“, ***tswoahundad oa*** „200 Eier“. Beim Zahlwort für „2“ ist zu bemerken, dass früher eine dreifache Genusunterscheidung vorkam: mask. *zween*, fem. *zwo*, neutr. *zwei*. Die neutrale Form *zwei* liegt in verallgemeinertem ***tswoa*** vor, ursprünglich feminines ***tswo*** wird oft bei Angaben von Telefonnummern verwendet; die spezielle Form für das Maskulinum war *zwee*, ist aber nicht mehr in Gebrauch.

8.2.3. Alleinstehend hat „1“ die Deklination eines starken Adjektivs (***a gloana*** „ein kleiner“, ***a gloane*** „eine kleine“, ***a gloans*** „ein kleines“) und fungiert als Indefinitpronomen im Sinn von „jemand“:

	maskulin	feminin	neutral
Nom.	***oana***	***oane***	***oans***
Dat.	***oam***	***oana***	***oam***
Akk.	***oan***	***oane***	***oans***

Bei Gebrauch mit dem Artikel folgt das Zahlwort der schwachen Adjektivflexion:

	maskulin	feminin	neutral
Nom.	***da oa***	***de oa***	***des oa***
Dat.	***dem oan***	***da oan(a)***	***dem oan***
Akk.	***den oan***	***de oa***	***des oa***

Wie beim schwachen Adjektiv (***da oid mo – da oide mo***, **6.3.**), können auch hier Formen mit oder ohne -***e*** erscheinen, neben ***da oane*** steht ***da oa***: der auslautende Nasal in ***da oan*** fällt ab. Der Plural ***oa*** kann in unbestimmtem Sinn verwendet werden: ***de oa sǫŋ so de andan sǫŋ andas*** „die einen sagen so, die anderen sagen anders“.

Einem Substantiv vorangestellt kann das Zahlwort betonen, dass wirklich „eine“ Einheit gemeint ist (***oa mo und oa frau*** „ein Mann und eine Frau“). Die Deklination ist folgendermaßen:

	maskulin	feminin	neutral
Nom.	***oa mo***	***oa frau***	***oa kind***
Dat.	***oam mo***	***oana frau***	***oam kind***
Akk.	***oan mo***	***oa frau***	***oa kind***

Schwach betont hat das Zahlwort für „1“ die Funktion des unbestimmten Artikels: ***a mo*** „ein Mann“, ***a frau*** „eine Frau“ (**6.1.**).

	maskulin	feminin	neutral
Nom.	***a mo***	***a frau***	***a kind***
Dat.	***am mo***	***a frau***	***am kind***
Akk.	***an mo***	***a frau***	***a kind***

In den Abfolgen ***oam mo*** „einem Mann“ etc. wird ***m*** nur einmal als ***oamo*** gesprochen. Für ungefähre Angaben kann man ein Zahlwort und ein höheres verwenden: ***a dràì a fiare*** „etwa drei oder vier“, ***a tsea a fuhtsea*** „etwa zehn oder fünfzehn“.

8.2.4. Der unbestimmte Artikel ist letztlich identisch mit dem Zahlwort für „1“. Er kommt nur im Singular vor, in der Mehrzahl wird das Substantiv im Plural gebraucht: ***a mo – mena*** „ein Mann – Männer“. Auch vor vokalisch anlautenden Substantiva kommt ***a*** ohne Übergangslaut vor: ***a ast*** „ein Ast“, ***a àstal*** „ein Ästchen“, ***a oŋkl*** „ein Onkel“, ***a igl*** „ein Igel“ etc., freilich verschmilzt der unbestimmte Artikel nahezu mit dem Anlaut des Substantivs.

In folgenden Fällen ist der Gebrauch des unbestimmten Artikels bemerkenswert: ***da mihe is a kaminkera woan*** „Michael ist Kaminkehrer geworden“, ***i bin a leara*** „ich bin (von Beruf) Lehrer“, ***i bin koa so a bledl*** „ich bin kein solcher Dummkopf“, ***mia maha hàid a musi*** „heute machen wir Musik“, ***hàid gibts a supm*** „heute gibt es Suppe“ (dagegen ist ***supm*** „Suppen“ Plural in ***mǫgst du supm*** „magst du Suppen?“ im Sinn von „bist du Suppenliebhaber?“), ***i mah da an kafɛ*** „ich mache dir Kaffee“, ***mah***

a liaht „stelle das Licht an!“, ***hǫst a gεid*** „hast du Geld?“, ***gib dem buam a banàna*** „gib dem Buben (eine) Banane!“ ist einsichtig, aber in ***gib dem buam a muih*** „gib dem Buben Milch!“ ist der unbestimmte Artikel durchaus bemerkenswert, ***gib da kua a hài*** „gib der Kuh (etwas) Heu!“, ***gib a rua*** „Ruhe! Sei ruhig, verhalte dich ruhig!“

8.2.5. Von „4“ bis „99“ und dann allgemein für Hundert und Tausend gilt folgende Regel: Bei einem nachfolgenden Substantiv im Plural werden die in **8.2.1.** zitierten Formen verwendet, wenn das Substantiv dagegen nicht genannt wird, endet das Zahlwort auf *-e*: ***dea hǫd sim flašn bia kàft fimfe hǫd a midgnuma*** „er hat sieben Flaschen Bier gekauft, fünf hat er mitgenommen“. Entsprechend heißt es ***mia san fimf mena***, aber ***mia san fimfe*** „wir sind fünf (Personen)“. Diese Regelung gilt auch für Zeitangaben: ***um tsene*** „um zehn“, ***um εife*** „um elf“. Es handelt sich hier um die Flexion nach dem Adjektivparadigma, vermutlich liegt die Form für Nominativ/Akkusativ Plural des Neutrums vor. Auch bei ***hǫib*** „halb“ findet sich diese Endung: ***um hǫiwe sekse*** „um halb sechs (Uhr)“, ***um hǫiwe*** „um halb“.

8.2.6. Substantiviert erscheint „1“ als Maskulin. Diese Regelung gilt für Schulnoten allgemein: ***a oansa***, ***a tswoara***, ***a dràia***, ***a fiara***, ***a fimfa***, ***a seksa*** „eine Eins, etc.“ Das ***-r-*** in ***tswoara*** kann aus ***fiara*** übernommen sein. Auch die Zahlen beim Würfeln werden als maskulin angegeben. Ebenso sind Banknoten maskulin: ***a tswantsga*** „eine 20 €-Banknote“.

8.3. Ordinalzahlen

8.3.1. Ordinalzahlen basieren durchweg auf den Kardinalzahlen und sind von ihnen abgeleitet: ***da fiate*** „der vierte“, ***da fimfte*** „der fünfte“ etc. Ordinalzahlen folgen dem Paradigma der schwachen Adjektiva, neben ***da fiate*** etc. kommt auch ***da fiat*** etc. vor. Ordinalzahlen sind immer bestimmt, daher erscheinen sie durchweg in der schwachen Adjektivdeklination. Es heißt ***da drite*** oder ***da drit*** „der Dritte“, ***da finfte/fimft*** „der Fünfte“ ebenso wie ***da oide/da oid*** **(6.3.)**.

8.3.2. Die Ordinalzahl für „2“ ist jetzt ***da tswoate*** „der zweite“. Früher hat *ander* diese Funktion gehabt. Ein Rest von diesem Gebrauch ist noch in ***andathǫib*** „anderthalb“ zu erkennen. Diese Ausdruckweise war früher allgemein üblich. *Achteinhalb* hat „7,5“ bedeutet, also wörtlich „vom achten ein halb“. Die Form ***andathǫib*** ist demnach als *ander halb* „vom zweiten ein halb“ aufzufassen, dabei rührt das *-t-* in ***andathǫib*** von den Ordinalzahlen ab „3.“, „4.“ etc. her und wurde analogisch eingeführt. ***anda*** „ander“ ist von Haus aus „zweiter“, ***ananda*** „einander“ ist verständlich als „der eine den anderen“, ***umananda*** ist demnach „einer um den anderen“. Losgelöst davon ist das ***umananda*** als Bezeichnung für „die häusliche Umgebung“: ***tsoag ma dài umananda. pfia god bàinanda*** „auf Wiedersehen alle beisammen“.

8.3.3. Während die Kardinalzahlen der Zehner einsilbig sind (***tswantsg*** „20“, ***dràisg*** „30“, erscheint bei den Ordinalzahlen das vor *-g-* ausgefallene *-i-*: ***da tswantsigste, da dràisigste*** etc.

8.4. Weitere Bildungen mit Zahlwörtern

Bruchzahlen wie ***dritl*** „Drittel“ (entstanden aus *dritt-teil* „dritter Teil“), ***fiatl*** „Viertel“, ***ahtl*** „Achtel“ etc. geben keinen Anlass zu besonderen Bemerkungen. Teilweise sind ***hǫib / hǫiwad*** „halb“ austauschbar: ***jɛts wat i šo a hǫiwe štund dàsd kimst*** oder ***jɛts wat i šo a hǫiwade štund dàsd kimst*** „jetzt warte ich schon eine halbe Stunde, dass du kommst“. Nur ***hǫiwad*** ist möglich in der Fügung ***mi hɛdsd hǫiwad*** (wörtlich „mich hättest du halbert, halb“), die immer eine Ablehnung ausdrückt etwa im Sinn von „davon will ich ganz und gar nichts wissen, damit will ich nichts zu tun haben“.

Die Vervielfältigungszahlen wie ***tswoafah – doped*** „zweifach – doppelt“ entsprechen dem schriftsprachlichen Gebrauch. Die Betonung unterscheidet zwischen „ein Mal“ und „irgendwann“ in den Sätzen: ***wen dea oamǫi biŋtli kàmad*** „wenn er nur ein einziges Mal pünktlich käme“ (das geschieht eben nicht) und ***wen dea amǫi kàmad*** „wenn er nur irgendwann käme, wenn er mal käme“ (indefinit, wenn er nur überhaupt käme, „mal“ in diesem Sinn ist im ***M.*** nicht heimisch, hat sich aber in letzter Zeit zusehends verbreitet).

9
Verbum

9.1. Kategorien

Beim Verbum (Zeitwort), das im ***M.*** die gleichen Grundkategorien wie in der Schriftsprache aufweist, unterscheidet man finite und infinite Formen.

Die finiten Formen beziehen sich jeweils auf eine handelnde Person: Ein Verb wird „konjugiert", indem es sich nach den verschiedenen Personen verändert. Als „handelnde" Personen können unterschieden werden (**7.1.1.**).

1. Person Singular (Sprecher: ***i*** „ich");
2. Person Singular (angesprochene Person: ***du*** „du");
3. Person Singular (weder Sprecher noch angesprochene Person: ***ea*** „er", ***si*** „sie", ***es*** „es");
1. Person Plural (***mia*** „wir" = „ich und andere");
2. Person Plural (***ia*** „ihr" = mehrere „du");
3. Person Plural (mehrere weder „wir" noch „ihr" = ***si*** „sie").

Infinite Formen weisen keine Konjugation auf: Infinitiv, Partizip des Präsens und Partizip des Perfekts.

„Zeitwort" zeigt an, dass am Verbum ein Bezug zur außersprachlichen Zeit ausgedrückt wird: Plusquamperfekt, Perfekt, Präteritum, Präsens, Futur sind die wichtigsten Kategorien, die einen Zeitbezug herstellen.

Im ***M.*** ist ein Präsens formal klar ausgeprägt. Ein eigenes Futur gibt es nicht: ***dea tsug dǫ fad in fimf minutn*** „dieser Zug fährt ab (wird abfahren) in fünf Minuten". Die weiteren Tempora werden durch Umschreibungen gebildet, vom einfachen Präteritum gibt es nur Spuren. Eine Grundeinteilung der Verben in den germanischen Sprachen richtet sich danach, ob das Präteritum ein Dentalsuffix aufweist oder nicht: Präterita mit Dentalsuffix (*ich kaufe – ich kaufte*) gehören zu „schwachen Verben"; wenn das Präteritum nicht durch ein Dentalsuffix sondern durch eine Veränderung im Wurzelvokal charakterisiert ist, spricht man von „starken Verben" (*laufen – lief*).

Die Unterscheidung von starken und schwachen Verben geht auf Jacob Grimm, den Begründer der historischen germanischen Sprachwissenschaft, zurück. Obwohl das Präteritum im ***M.*** nicht gebräuchlich ist (**9.3.1.**), erweist sich die Unterscheidung von starken und schwachen Verben als nützlich, weil das Partizip des Perfekts eine entsprechende Aufteilung erkennen lässt. Auch bei der Behandlung des Konjunktivs spielen die starken Verben eine wichtige Rolle (**9.5.4.**).

Das Verbum kann auch verschiedene Schattierungen des Verhältnisses zur Wirklichkeit ausdrücken. Im Bereich der Modi unterscheidet man Indikativ (Aussageform), Imperativ (Befehlsform) und Konjunktiv (Wunschform). Genus verbi bezieht sich auf das Gegenüber von Aktiv (Person führt die Handlung aus) und Passiv (an der Person wird eine Handlung vollzogen): *ich schlage – ich werde geschlagen*. Das Passiv (Leideform) wird in den germanischen Sprachen durch Umschreibung gebildet.

9.2. Indikativ des Präsens (Gegenwart)

9.2.1. Im Paradigma des Verbs (Infinitiv) ***šwima*** „schwimmen" werden die Personalpronomina zur Verdeutlichung in Klammern angefügt. In der 3. Person werden statt (Singular) ***ea/si/es*** – (Plural) ***si*** (**7.1.1.**) sehr häufig die entsprechenden Formen des Demonstrativums ***dea/de/des*** – ***de*** (**7.5.**) verwendet. Das Personalpronomen ist ein ständiger Begleiter der finiten Verbalformen. Lediglich in der 3. Person kann das Personalpronomen fehlen, wenn das Subjekt genannt wird (***da bɛda šwimd***, ***de kinda šwima*** > ***dkinda šwima*** > ***kinda šwima***). In der 1. und 3. Person Plural ist immer die gleiche Form in Gebrauch. Das gleichbleibende Element in einem Verbalparadigma bezeichnet man als Verbalwurzel, z. B. ***šwim-*** „schwimmen".

1. Person Singular	(*i*) ***šwim***	„ich schwimme“
2. Person Singular	(***du***) ***šwimsd***	„du schwimmst“
3. Person Singular	(***ea***) ***šwimd***	„er schwimmt“
1. Person Plural	(***mia***) ***šwima/šwiman***	„wir schwimmen“
2. Person Plural	(***ia***) ***šwimts***	„ihr schwimmt“
3. Person Plural	(***si***) ***šwima/šwiman***	„sie schwimmen“

In der 1./3. Person Plural findet sich die Endung ***-n*** bei Verben wie ***fintn*** „finden“. Diese Form fungiert auch jeweils als Infinitiv. Die Verteilung von ***-a*** und ***-n*** folgt den gleichen Regeln wie beim Infinitiv (**9.7.3.**). In den folgenden Aufstellungen wird jeweils nur die Form für die 1. Person Plural angeführt. Der Satz der Personalkennezeichen kann folgendermaßen angegeben werden:

1. Person Singular	***-Ø*** (= Null)
2. Person Singular	***-sd*** (***-st***)
3. Person Singular	***-d*** (***-t***)
1. Person Plural	***-a/-an/-n***
2. Person Plural	***-ts***
3. Person Plural	***-a/-an/-n***

Die Formen ***bite*** „(ich) bitte“ und ***daŋke*** „(ich) danke“ haben den Auslaut ***-e*** sekundär unter schriftsprachlichem Einfluss. In der Mundart heißt es ***bitše*** „(ich) bitte schön“ und ***daŋkše*** „(ich) danke schön“. Diese Formen hört man oft unter schriftsprachlichem Einfluss als ***bitešön*** und ***daŋkešön***. Früher war für den Dank praktisch immer ***fagɛits god*** „(möge) Gott es vergelten“ in Gebrauch.

Die folgenden Beispiele lassen Präsensformen in verschiedenen Personen erkennen: ***bǫist moanst dan far i hǫid in d štǫd nài*** „wenn du meinst, dann fahre ich halt in die Stadt (hinein)“; ***bǫits moants dan fa ma hǫid in d štǫd nài*** „wenn ihr meint, dann fahren wir halt in die Stadt (hinein)“; ***jɛts sǫŋ ma pfiagod und geŋan hoam*** „jetzt sagen wir Pfiagod (= behüte Gott) und gehen heim“; ***jɛts sǫŋ s pfiagod und geŋan hoam*** „jetzt sagen sie Pfiagod und gehen heim“; ***mia siŋa ma a nàis liadl*** (***mia siŋ ma a nàis liadl***) „wir singen ein neues Lied“.

Bei Verben auf -*b*, wie etwa ***i gib*** „ich gebe“, wird der Auslaut zu -***w*** vor einem Vokal: ***dan giw i*** „dann gebe ich“ (***i gib*** „ich gebe“), ***dan hǫw i*** „dann habe ich“ (***i hǫb*** „ich habe“), ***dan glàw i*** „dann glaube ich“ (***i glàb*** „ich glaube“).

9.2.2. *-ts* als Ausgang für die 2. Person Plural

Die auffallendste Endung im System der Personalkennzeichen beim Verbum im ***M.*** ist -***ts*** für die 2. Person Plural (***ia šwimts***) gegenüber -ṯ in *ihr schwimmṯ* etc. in der Schriftsprache. Das Merkmal für die 2. Person Plural war im Althochdeutschen -ṯ (*nemeṯ* „ihr nehmt“, *zioheṯ* „ihr zieht“), also könnte man tatsächlich etwa ***ia šwimt*** erwarten. Diese an die Schriftsprache angeglichene Form kommt vor, regelmäßig wird aber ***ia šwimts*** verwendet. Der Ausgang -***ts*** im ***M.*** stellt eine Neuerung dar. Das auslautende -***s*** in ***šwim-t-s*** repräsentiert das Personalpronomen ***es*** „ihr“ (**7.1.5.**), dabei ist -***e***- ausgefallen: ***es*** folgte der Verbalform vergleichbar mit ***i*** in ***dan šwim i*** „dann schwimme ich“, aber ***dan šwimt es*** hat zu ***dan šwimts*** geführt, und ***swimts*** ist verallgemeinert worden. Letztlich liegt in ***dan šwimts es*** (meist ***dan šwimts ia***) das Personalpronomen für „ihr“ doppelt vor; ebenso kommt das Personalpronomen doppelt vor in ***es šwimts***.

Weitere Beispiele für die 2. Person Plural: ***ia hapts*** „ihr habt“, ***ia rets*** „ihr redet“, ***ia sǫgts*** „ihr sagt“, ***ia kàfts*** „ihr kauft“, ***ia wists*** „ihr wisst“, ***ia lests*** „ihr lest“, ***ia wašts*** „ihr wascht“, ***ia mahts*** „ihr macht“, ***ia megts*** „ihr mögt“, ***ia kemts*** „ihr kommt“, ***ia kents*** „ihr kennt“, ***ia siŋts*** „ihr singt“, ***ia bauts*** „ihr baut“. Doppeldeutige Formen entstehen dabei: ***dǫ šwimts*** kann heißen „da schwimmt ihr …“, aber ebenso „da schwimmt es (das Kind) …“; ***kàfts as*** heißt „kauft ihr sie (z. B. Blumen)?“ oder „kauft ihr es (z. B. das Buch)?“

Dieser Ausgang für die 2. Person Plural ist ein charakteristisches Merkmal für das ***M.*** als mittelbairischer Mundart, er wird regelmäßig gebraucht. Der Imperativ weist das gleiche Merkmal auf: ***kàfts banàna*** „kauft Bananen!“ Das mit der 2. Person Plural assoziierte Kennzeichen -***ts*** ist sogar in die Abschiedsformel ***pfiats àih*** „behüte euch (Gott)“ eingefügt worden, wo es freilich von Haus aus gar nicht hingehört, denn das Verb ist 3. Person Singular Konjunktiv und bedeutet „(er) möge euch behüten“ (**9.5.2.**).

9.2.3. Nach dem Typ ***šwima*** funktionieren sehr viele Verben: ***kàfa*** „kaufen“, ***làfa*** „laufen“, ***driŋka*** „trinken“, ***fan*** „fahren“, ***šlafa*** „schlafen“, ***siŋa*** „singen“, ***gràifa*** „greifen“, ***gràin*** „krallen“ (***des dagràin mia ned*** „das schaffen wir nicht, das packen wir nicht, das erkrallen wir nicht mehr“), ***fǫin*** „fallen“ (***i fǫi*** „ich falle“, ***mia fǫin***), ***guna*** „vergönnen“ (***des gun i eam*** „das gönne ich ihm“, nicht immer ehrlich gemeint), ***làitn*** „läuten“, ***hǫitn*** „halten“, ***baun*** „bauen“, ***haun*** „hauen, schlagen“, ***kena*** „kennen“ (***dǫ leanst me awa kena*** „da wirst du mich kennenlernen“ ist drohend gemeint, ***ken di wida*** „komme wieder zu Sinnen!“), ***štɛin*** „stellen“, ***waksn*** „wachsen“, auch „waxen“.

Die auf ***-st*** endende Verbalwurzel ***huast-*** (Infinitiv ***huastn*** „husten“) hat folgende Formen: ***i huast – du huast – ea huast – mia huastn – ia huasts.***

Bei ***wean*** „werden“ lauten die Formen folgendermaßen: ***i wea – du weast – ea wead – mia wean – ia weats – si wean***; als Trost ist die Formel ***des wead šo*** „das wird sich schon richten lassen, das kommt schon wieder in Ordnung“ gemeint. Die dem schriftsprachlichen System entsprechenden Formen mit ***i*** (***ea wiad*** „er wird“) kommen vor, dann ist freilich ***-i*** im ganzen Singular durchgeführt: ***i wia des šo tsambriŋa*** „ich werde dies schon schaffen“ – ***du wiast – ea wiad.***

Bei Verben auf ***-d*** wie ***redn*** (auch ***ren***) „reden, sprechen“, ***bǫdn*** (auch ***bǫn***) „baden“ kann der Wurzelauslaut zusammen mit dem Personalkennzeichen als ***-t*** erscheinen: ***i red – du retst – ea ret – mia redn (ren) – ia rets – si redn (ren).***

9.2.4. Bei Verben, deren Wurzel auf ***-g*** endet, führt ***-gn*** zu ***-ŋ***: ***biaŋ*** „biegen“: ***i biag – du biagst – ea biagd – mia biaŋ – ia biagts – si biaŋ, liaŋ*** „lügen“: ***i liag – du liagst – ea liagd – mia liaŋ – ia liagts, fliaŋ*** „fliegen“: ***i fliag – du fliagst – ea fliagd – mia fliaŋ – ia fliagts, liŋ*** „liegen“: ***i lig – du ligst – ea ligd – mia liŋ – ia ligts, sǫŋ*** „sagen“: ***i sǫg – du sǫgst – ea sǫgd – mia sǫŋ – ia sǫgts, štàiŋ*** „steigen“: ***i štàig – du štàigst – ea štàigd – mia štàiŋ – ia štàigts, šlǫŋ*** „schlagen“: ***i šlǫg – du šlǫgst – ea šlǫgd – mia šlǫŋ – ia šlǫgts, šauŋ*** „schauen“: ***i šaug – du šaugst – ea šaugd – mia šauŋ – ia šaugts***; die Formen ***šauŋ/i šaug*** sind möglicherweise nach ***sɛŋ/i sig*** „sehen“ (**9.2.6.**) ausgerichtet.

9.2.5. Bei Verben, deren Wurzel auf einen Konsonant + ***-l-, -n-, -r-*** endet, ist die 1. Person Singular durch ***-d*** (***-t***) charakterisiert, und der Dental wird auch in der 2. Person Singular eingefügt:

1. Person Singular	***i bigld***
2. Person Singular	***du bigltst***
3. Person Singular	***ea bigld***
1. Person Plural	***mia bigln***
2. Person Plural	***ia biglts***
3. Person Plural	***si bigln***

Wie ***bigln*** „bügeln" funktionieren: ***šitln*** „schütteln", ***bàitln*** „beuteln", ***akan*** „ackern", ***dàiksln*** „deichseln, in Ordnung bringen" (***des dàiksln ma šo*** „das schaffen wir schon, das kriegen wir hin"), ***rumpen*** „rumpeln", ***wiafln*** „würfeln", ***gràtln*** „ziellos herumarbeiten", ***ràdln*** „Fahrrad fahren", ***wuaštln*** „ziellos arbeiten", ***aŋgln*** „angeln", ***tsàihnan*** „zeichnen", ***wandan*** „wandern" (***i wandad*** „ich wandre"), ***dromeln*** „trommeln" (auch ***dromen*** gesprochen), ***štempeln*** „stempeln" (auch ***štempen*** „gesprochen"). Die Gleichheit von 1. Person Singular und 3. Person Singular ist wohl sekundär aufgekommen.

9.2.6. Zahlreiche Verben weisen Abweichungen vom Grundparadigma des Präsens auf. Die Verbalwurzel kann eine Veränderung im Vokal zeigen. Beim Verbum ***breha*** „brechen" erscheint im Singular der Wurzelvokal ***i***: ***i brih – du brikst – ea briht – mia breha – ia brehts – si breha***. Bei Verben dieses Typs ist jeweils im ganzen Singular der gleiche Vokal anzutreffen, während in der Schriftsprache die Form für die 1. Person Singular zum Plural stimmt und nur die 2./3. Person Singular den veränderten Vokal aufweist (*ich breche, du brichst, er bricht*).

Ebenso gehen: ***šteha*** „stechen", ***drefa*** „treffen", ***dredn*** (auch ***dren***) „treten" (***i drid*** „ich trete"), ***esn*** „essen", ***fresn*** „fressen", ***lesn*** „lesen", ***nema*** „nehmen", ***dašreka*** „erschrecken", ***šteam*** „sterben"; ***špreha*** „sprechen" (wird aber nicht sehr häufig verwendet, meist eher in feierlichem Sinn: ***da pfara špriht fo da kantsl*** „der Herr Pfarrer spricht auf der Kanzel").

Auch das Verbum für „kommen" gehört hierher, weist aber

weitere Besonderheiten auf. Zum Infinitiv ***kema*** gehören die Formen ***i kim – du kimst – ea kimt – mia kema – ia kemts***. Zum gleichbedeutenden Infinitiv ***kuma*** lauten die Formen ***i kum – ea kumt – mia kuma***. Die nach schriftsprachlichem *kommen* ausgerichteten Formen ***i kom – ih kome*** sind nicht dialektecht, verbreiten sich aber zusehends.

Beim Verbum ***gem*** „geben“ lauten die Formen: ***i gib – du gibst – ea gibd – mia gem – ia gebts – si gem***. Die 3. Person Singular kann auch zu ***gid*** werden, besonders in ***des gids do ned*** „das gibt es doch nicht“ („das kann doch nicht wahr sein“).

fadeam „verderben“: ***i fadiab – du fadiabst – ea fadiabd – mia fadeam – ia fadeabts***

sɛŋ „sehen“: ***i sig*** (***sih***) ***– du sigst – ea sigt – mia sɛŋ – ia sɛgts*** (dieses Paradigm hat wohl auch ***šauŋ*** „schauen“ beeinflusst, da eigentlich ***šaun/šaua*** zu erwarten wäre, siehe **9.2.4.**)

gšɛŋ „geschehen“ (***do muas wǫs gšɛŋ*** „da ist Handlungsbedarf, da muss etwas unternommen werden“) kommt nur in der 3. Person Singular vor: ***dǫ gšiht wǫs*** „da geschieht etwas“, oft auch bewundernd „da geht die Arbeit voran“; Part. Perf. ***gšɛŋ*** (***do is wǫs gšɛŋ*** „da ist etwas passiert“)

hɛifa „helfen“: ***i huif – du huifst – ea huift – mia hɛifa – ia hɛifts*** (***dǫ huift ǫis niks – da hɛift ǫis niks*** „da hilft alles nichts, da kann man nichts machen“)

štɛin „stehlen“: ***i štui – du štuist – ea štuid – mia štɛin – ia štɛits***

Überwiegend nur in der 3. Person Singular kommt ***gɛitn*** „gelten“ vor: ***es guit*** „es gilt“ (in ***gɛi*** „es gelte“ liegt der Konjunktiv des Präsens vor)

Zu beachten ist, dass im ***M.*** bei ***grǫm*** „graben“ (***ea grǫbd*** „er gräbt“), ***faŋa*** „fangen“ (***ea faŋd*** „er fängt“), ***blǫsn*** „blasen“ (***ea blǫsd*** „er bläst“), ***šlǫŋ*** „schlagen“ (***ea šlǫgd*** „er schlägt“) keine Veränderung des Vokals im Präsens erfolgt.

Die Verben für „gehen“ und „stehen“ haben folgende Formen: ***ge*** „gehen“: ***i gɛ – du gɛst – ea gɛd – mia geŋa*** (***geŋa ma*** > ***gema***) ***– ia gɛts***; ***šte*** „stehen“: ***i štɛ – du štɛst – ea štɛd – mia šteŋa*** (***šteŋa ma*** > ***štema***, auch ***mia štea*** „wir stehen“) ***– ia štɛts***.

9.2.7. Verben der Bedeutung „haben", „sein", „tun", „werden"

Als „Hilfszeitwörter" bezeichnet man die folgenden Verben: ***ham*** „haben", ***sài*** „sein", ***doa*** „tun" ***wean*** „werden". Diese vier Verben können für sich als Prädikat in einem Satz fungieren, sie können aber auch zum Aufbau weiterer Verbalformen dienen, wie die folgenden Beispiele zeigen:

ham „haben": ***i hǫb – du hǫst – ea hǫd – mia ham – ia habts;***

i hǫb a šwesta „ich habe eine Schwester"; ***hǫw i rεht*** „habe ich Recht?"; ***hǫm sǫŋ d šwǫm*** „haben sagen die Schwaben" (die Wendung wird gebraucht, wenn man ausdrücken will, dass ein doch nicht unbeträchtlicher Mangel besteht); ***i hǫm gsεŋ*** „ich habe ihn gesehen", ***hama ois gsεŋ*** „haben wir alles gesehen?"

sài „sein": ***i bi – du bist – ea is – mia sàn – ia sàits – si sàn***

Die Formen gehören zu verschiedenen Wurzeln, in solch einem Fall spricht man von Suppletivismus: Während die Formen für die 1. Person und die 2. Person Singular ein anlautendes ***b-*** (vgl. den Infinitiv *to be* im Englischen) haben, lauten die Formen des Plurals mit ***s-*** an, in der 3. Person Singular ***ea is*** „er ist" geht dem ***-s*** der Vokal ***i-*** voraus, der an lateinisch *est* „ist" erinnert, die althochdeutsche Form *ist* hat im ***M. is*** den auslautenden Konsonanten verloren.

i bi da sεp „ich bin Sepp", ***bin i do rihti*** „bin ich hier richtig?", ***du bist a kaminkeara*** „du bist Kaminkehrer", ***ea is a kaminkeara*** „er ist Kaminkehrer", ***du bist dafoglàfa*** „du bist weggelaufen".

Im Plural gibt es eine Form ***de hàn*** für „sie sind", die im ***M.*** nur selten gebraucht wird. Der Lautwandel ***s*** > ***h*** in ***sàn*** > ***hàn*** ist wohl im Satzkontext erfolgt, der Vorgang wird Sandhi genannt. Die beiden Folgen ***des sàn juŋe làid*** „das sind junge Leute" und ***de sàn juŋe laid*** „diese sind junge Leute" sind bedeutungsmäßig praktisch identisch, und ***des sàn*** kann durchaus als ***des àn*** gehört und aufgefasst werden; wenn dementsprechend ***mia àn*** aufgekommen wäre, dann konnte der Übergang durch Einschub von ***h*** in ***mia hàn*** erleichtert werden, dementsprechend entstand dann auch ***de hàn*** „diese sind" und letztlich ***des hàn*** „das sind":

de hàn kema „diese sind gekommen", ***des hàn kinda*** „das sind Kinder".

doa „tun": ***i dua – du duast – ea duad – mia dean – ia deats***; Konjunktiv: ***i dàd*** „ich täte"; Partizip Perfekt: ***do*** „getan" (leicht nasaliert)

da hund duad niks „der Hund macht nichts (richtet keinen Schaden an)", ***dea mo hǫd niks tsum doa*** „dieser Mann hat nichts zu tun, hat keine Beschäftigung", ***des dàd i ned*** „das würde ich nicht machen", ***dea duad niks wia dauand šimpfa*** „dieser (Mann) schimpft dauernd (tut nichts als …)".

Das Hilfszeitwort ***doa*** erlaubt eine Umschreibung für einfache Verbalaussagen: ***mia awadn*** ist bedeutungsmäßig identisch mit ***mia dean awadn*** „wir (tun) arbeiten"; ***des dàd i ned doa*** „das würde ich nicht machen", ***ma muas so doa ǫis dàd oan des intresian*** „man muss so tun (vorgeben), als würde einen das interessieren", ***wǫs hǫw i da den do*** „was habe ich dir denn angetan?" („warum bist du beleidigt?")

wean „werden" (**9.2.3.**): ***i wea – du weast – ea wead – mia wean – ia weats***

tsàid weads „es ist an der Zeit" (bringt immer eine Erwartung zum Ausdruck); ***des wead šo wida*** „das wird schon wieder" soll immer Mut machen und bedeutet etwa, dass man in einer unsicheren Lage einen guten und positiven Ausgang erwartet. Im Grunde genommen wird ***wean*** nur mit Substantiven (***i wea amǫi a lera*** „ich werde einmal Lehrer") oder Adjektiven (***da sɛp wead blas*** „Sepp wird blass", ***i wea nariš*** „ich werde verrückt vor Freude, Kummer etc.)" und Partizipien (***da briaf wead glesn*** „der Brief wird gelesen", ***des hemad wead gwašn*** „dieses Hemd wird gewaschen") gebraucht.

Die Konjunktivformen sind ***werad*** und ***wurad***, die aber ebenfalls nur in diesen Verwendungen auftreten: ***i werad a lera bǫi ladàin kant*** „ich würde Lehrer werden, wenn ich Latein könnte", ***wan da sɛp tsun dokta gaŋ wurad a bǫid gsund*** „wenn Sepp zum Arzt ginge, würde er schnell gesund werden".

Die Umschreibung des Konjunktivs erfolgt generell mit ***dàd***, dem Konjunktiv zu ***doa*** „tun": ***dǫ dàd i mi šàma*** „da würde ich mich schämen“, ***dàdn s mia saŋ wo s rathaus is*** „würden Sie mir sagen, wo das Rathaus ist“, ***i dàd eam šràim wen i a babia hɛd*** „ich würde ihm schreiben, wenn ich Papier hätte“, ***wants nua a bisal wǫs doa dàts*** „wenn ihr nur ein bisschen arbeiten würdet (… ein wenig tun tätet)“.

Das Futur mit ***wean*** „werden“ (***i wea kema*** „ich werde kommen“) ist praktisch nicht in Gebrauch; ebenso ist der schriftsprachliche Konjunktiv *ich würde kommen* dialektfremd, man umschreibt immer mit ***doa*** „tun“: ***i dàd šo kema*** „ich würde schon kommen (ich täte …)“.

Regelmäßig wird ***wean*** zur Bildung des Passivs mit dem Partizip Perfekt verwendet: ***d štras wead repariad*** „die Straße wird repariert“. Daneben kommen aber oft die entsprechenden aktiven Wendungen vor: ***jɛts reparians d štras*** „jetzt reparieren sie die Straße“. Besonders häufig wird das Passiv verwendet, wenn keine Aussage über handelnde Personen möglich ist: ***am sondag wead gfàiat*** „am Sonntag wird gefeiert“. Eine Art Befehl kommt zum Ausdruck in ***jɛts wead gšlafa*** „jetzt ist Zeit zum Schlafen“ (wörtlich „jetzt wird geschlafen!“). Eine gewisse Drohung ist mit ***des wead gsǫgt*** „das werde ich (dem Lehrer oder einer anderen übergeordneten Person) melden“ (wörtlich „das wird gesagt!“) beabsichtigt.

In die Zukunft gerichtet sind ***des wead šo wean*** „das wird schon richtig (werden)“ und ***weast as šo sɛŋ wenst so wàidamakst*** „da wirst du die Folgen schon erleben, wenn du dich nicht besserst“. Wörtlich heißt ***i wea da hɛifa*** „ich werde dir helfen“, aber meist liegt eine Drohung vor: ***i wea da šo hɛifa wenst koa gɛid mea hǫst*** „ich werde es dir zeigen, wenn du dein Geld alles verbraucht hast, dann bist du eben auf dich gestellt“. Als Aussage für die Zukunft kann vielleicht gelten ***i wea siŋa*** „ich werde singen“, viel häufiger ist aber durchaus Skepsis angebracht, der Satz hat eher fragenden Charakter und will hohen Zweifel daran ausdrücken, dass der Sprecher singen wird. Zuversicht drückt aus ***des weama šo griaŋ = des griaŋma šo*** „das schaffen wir schon, das bringen wir fertig“. Nur nebenbei hat ***wean*** Zukunfstbedeutung in ***i wea àih šo in d šua nàihɛifa*** „ich werde euch schon zeigen, wie man es machen muss, ich werde euch dazu bringen, dass ihr richtig arbeitet“ und ***dài muata wead a fràid***

hǫm wens des head „deine Mutter wird eine Freude haben, wenn sie dieses erfährt“ (meistens allerdings im gegenteiligen Sinn: „deine Mutter wird ganz und gar keine Freude haben“).

Nach der Absicht fragt: ***wǫs wead a den woin ham*** „was wird denn wohl seine Absicht gewesen sein“ („was wird er denn gewollt haben“).

Gegenwartsbezug hat ***wean*** in ***du weast ma so oana sài*** „du bist ganz schön durchtrieben“ („du wirst mir so einer sein“) und ***des wead šo so sài*** „das mag schon zutreffen“.

9.2.8. Besondere Verben: i woas, ea woas „ich, er weiß“ etc.

Eine kleine Gruppe von Verben weist in der 3. Person Singular keine Endung auf, die 3. Person Singular ist identisch mit der 1. Person Singular. Oft werden diese Verben mit einem Infinitiv zusammen gebraucht, einige dieser Verben kann man als „modale Hilfszeitwörter“ bezeichnen, weil sie eine modale Färbung der Verbalhandlung ausdrücken können: ***i soi frǫŋ*** „ich soll fragen“, ***si deaf kema*** „sie darf kommen“, ***ea wui šràim*** „er will schreiben“, etc. In der Fachliteratur spricht man von „Präteritopräsentia“, d.h. Präsensformen, die ebenso wie das starke Präteritum (*ich schrieb – er schrieb*) keine Unterscheidung zwischen der 1. und der 3. Person Singular aufweisen.

1./3. Sing.	2. Sing.	1./3. Plur.	2. Plur.	Bedeutung
woas	***woast***	***wisn***	***wists***	„wissen“
ko	***kost***	***kena***	***kents***	„können“
deaf	***deafst***	***deafa***	***deafts***	„dürfen“
mǫg	***mǫkst***	***meŋ***	***megts***	„mögen“
muas	***muast***	***miasn***	***miasts***	„müssen“
soi	***soist***	***soin***	***soits***	„sollen“
wui	***wuist***	***woin***	***woits***	„wollen“

Die meisten Mitglieder dieser Klasse kann man regelmäßig von ihren alt- und mittelhochdeutschen Vorformen ableiten, entsprechende Formen treten im Schriftdeutschen auf. Oft wird ***i soi*** „ich soll“ durch ***i soit*** ersetzt, entsprechend wird statt ***i wui*** „ich will“ oft ***i woit*** gesagt. Auffällig ist die Form ***deaf*** „(ich) darf“, deren Vokal von althochdeutsch *darf* her als ***a*** zu erwarten wäre und wohl in Analogie nach dem Plural umgestaltet worden ist. ***i ko*** „ich kann“, aber: ***hàid koni ned kuma*** „heute kann ich nicht kommen“, ***i ko des šo*** „ich kann das schon (im Sinn von: „das schaffe ich“), aber ***des kon i ned*** „das kann ich nicht“

Bedeutungsmäßig sind einige Besonderheiten zu notieren. Bei ***deafa*** „dürfen“ schwingt oft mehr als eine Erlaubnis mit: ***ia deafats bǫid wida amǫi foabàišauŋ*** „ihr dürftet bald wieder einmal vorbeischauen“ heißt etwa „kommt doch bald wieder einmal auf Besuch!“ Auch direkte Verpflichtung kann zum Ausdruck kommen: ***jεts deaf i awa ofaŋa wen i hàid no feati wean wui*** „jetzt muss ich aber anfangen, wenn ich heute noch fertig werden will“. ***jεts deafast bǫid as leana ofaŋa*** „jetzt solltest du bald mit dem Lernen beginnen!“

Beim Verb ***brauha*** „brauchen, benötigen“ ist bemerkenswert, dass der Infinitiv immer ohne *zu* folgt: ***des brauht neamd wisn*** „das muss niemand wissen“ (= sollte geheim bleiben). Die Frage ***brauhts des*** „braucht es dieses?“ hat immer den Unterton „ist dies wirklich nötig?“, und die Reaktion wird am ehesten sein: ***na des brauhts ned*** „nein, das ist wirklich nicht nötig“. Wenn man von jemand sagt ***dea brauht grǫd ogem*** „er braucht gerade angeben“, so soll das heißen, dass diese Person keinerlei Grund zur Prahlerei hat. ***i brauh no ned hoam ge*** „ich brauche noch nicht heimzugehen“ (d.h. es ist noch nicht nötig, dass ich heim gehe“), ***braukst nua làitn*** „es genügt, wenn du läutest“, ***du braukst redn*** wörtlich „du brauchst reden“ ist die Mitteilung, dass der Angesprochene besser stillhalten soll, denn seine Position ist auch nicht eindeutig positiv; ***braukst as blos sǫŋ ...*** „es genügt, wenn du es sagst ...“

Bei ***meŋ*** „mögen“ kann durchaus eine mehr oder weniger klare Aufforderung mitschwingen: ***dàine šua mǫgst šo austsiaŋ*** „deine Schuhe magst du schon ausziehen“ (= „ziehe bitte gefälligst deine Schuhe aus“), ***des ràdl mǫgst šo šte lasn*** „das Fahrrad magst du schon stehen lassen“ („komme nicht auf die Idee dieses Fahrrad anzurühren oder gar zu benützen!“), ***i meht amǫi auf***

tsugšpits „ich möchte einmal auf die Zugspitze", ***i meht gean wisn warum a šo wida kimd*** „ich würde gerne wissen, warum er schon wieder kommt", ***i hǫb s gean meŋ*** „ich habe sie (eine weibliche Person, mehrere Personen) gerne gehabt, ich habe es (ein Kind) gerne gehabt" (*gemocht* ist nicht gebräuchlich), ***des mǫg i ned*** „das gefällt mir nicht" („das mag ich nicht").

Die Formen ***deafa*** „gedurft", ***kena*** „gekonnt", ***soin*** „sollen", ***miasn*** „gemusst", ***meŋ*** „gemocht" fungieren auch als Partizip des Präteritums: ***i hǫb deafa*** „ich habe gedurft", ***i hǫbs kena*** „ich habe es gekonnt", ***i hǫb soin*** „ich sollte", ***i hǫb miasn*** „ich habe gemusst", ***i hǫb ned meŋ*** „ich habe nicht gemocht", etc.

9.3. Präteritum

9.3.1. Eine dem Präteritum (einfache Vergangenheit) des Alt- und Mittelhochdeutschen entsprechende Verbalkategorie zur Bezeichnung vergangener Handlungen wie etwa schriftdeutsch *ich ging, ich machte* etc. ist im ***M.*** nur rudimentär vorhanden: ***i wa – du wast – ea wa – mia wan – ia wats – si wan*** „ich war, du warst etc." steht gleichbedeutend neben der zusammengesetzten Form ***i bin gwesn*** (auch ***gwen***, selten ***gwest***). Einfache Vergangenheitsformen kann man in einzelnen Verwendungen von ***i woit*** „ich wollte" und ***i soit*** „ich sollte" erkennen: ***gestan woit i in kiah nàišauŋ awa es wa šo tsuagšpeat*** „gestern wollte ich in die Kirche hineinschauen, aber es war schon abgesperrt". Unzweifelhaft liegt ein Konjunktiv vor in: ***i woitad gean in kiah nàišauŋ*** „ich möchte gerne die Kirche besichtigen".

9.3.2. Die Frage, warum die Kategorie des Präteritums geschwunden ist, kann man kaum eindeutig beantworten. Bei den schwachen Verben kann man anführen, dass der Abfall des auslautenden und unbetonten Vokals in gewissen Präteritalformen zum Zusammenfall mit dem Präsens führt. Wenn ***ea maht*** sowohl „er macht" als auch „er machte" bedeutet, ist eine solche Homonymie für die Kommunikation hinderlich. Aber denkbar ist natürlich, dass die Gleichheit von Präsens und Präteritum geduldet wurde, vielleicht sogar noch heute geduldet wird. Das sog.

„historische Präsens“ (***gestan wia i so grǫd dahigɛ ...*** „gestern als ich gerade so meines Wegs gehe ...) ist eine Präsensform mit präteritaler Bedeutung. Ein wichtiger Grund für den Verlust der einfachen Vergangenheit mag darin liegen, dass bei den starken Verben die Bildung der Formen unterschiedlich war, es waren also gewisse Merkanstrengungen nötig. Man kann sich die Formen der Schriftsprache vergegenwärtigen: *gedeihen – gedieh, gebieten – gebot, finden – fand, gebären – gebar, messen – maß, fahren – fuhr, backen – buk, heißen – hieß.* Die umschriebenen Formen des Typs *ich habe gefunden* haben eine einheitliche Bildungsweise und sind verallgemeinert worden. Nur ein ganz geläufiges Verb wie *ich war* hat sich gehalten und ist nicht direkt durch *ich bin gewesen* ersetzt worden. Häufig wird freilich angenommen, dass ***i wa*** aus der Schriftsprache übernommen wurde. Das Präteritum ist durch das zusammengesetzte Perfekt ersetzt worden: ***i bin gaŋa*** „ich ging (bin gegangen)“, ***i hǫb gsɛŋ*** „ich sah (habe gesehen)“.

9.4. Imperativ (Befehlsform)

9.4.1. Ein Befehl erfolgt an eine Einzelperson oder an eine Gruppe von Personen: 2. Person Singular ***šwim*** „schwimm!“ – 2. Person Plural ***šwimts*** „schwimmt!“

Der Imperativ in der 2.Person Singular ist formal mit der Indikativform für die 1. Person Singular identisch ist. Diejenigen Verben, die in der 1.Person Singular die Endung ***-t*** aufweisen, haben entsprechend auch im Imperativ diese Form: ***tsàihnt!*** „zeichne!“, ***biglt!*** „bügle!“ Für die 2. Person Plural fungiert die entsprechende Indikativform als Imperativ.

Beispiele für den Imperativ sind: ***drǫgts des naus*** „tragt das hinaus!“, ***dua ma a muih in kafɛ nài*** „gib mir (wörtlich „tue mir“) (eine) Milch in den Kaffee!“, ***dua de ned ǫ*** „mache dir nicht zu viel Mühen, strenge dich nicht zu sehr an!“, ***deats àih ned ǫ*** „macht euch keine großen Mühen (tut euch nicht ab)“, ***dadua de ned*** „arbeite dich nicht auf! streng dich nicht über alle Maßen an!“ (Infinitiv ***se dadoa*** „sich übermäßig anstrengen, dertun“).

gɛ wàida ist die Aufforderung, dass man Platz machen soll („geh weiter!“), ***gɛ wàida*** kann aber auch Erstaunen zum Ausdruck bringen, wenn man das Gesagte nicht ohne weiteres annehmen will: ***gɛ wàida des glàwe da no laŋ ned*** (etwa) „hör mir auf damit, das glaube ich in keiner Weise“. Der Lehrer sagt (warnend) ***mah nua wàida so*** „mache nur so weiter!“, er will zur Besserung ermahnen, also eigentlich davon abraten, dass im bisherigen Stil weitergemacht wird: ***mah nua wàida so dan sigst šo wost hikimst*** „mache nur so weiter, dann wirst du das (schlechte) Ergebnis schon sehen (dann siehst du schon, wo du hinkommst)!“. Mehrzahl: ***mahts nua wàida so dan sɛkts šo wots hikemts*** „macht nur so weiter, dann seht ihr schon, wo ihr hinkommt!“ ***gɛ wàida*** kann sogar mit anscheinend widersprüchlichem ***kum*** „komm!“ fortgesetzt werden: ***gɛ waida kum*** bedeutet letztlich nicht viel mehr als „ach so, ja, ja …“ Eine Ermahnung ist ***wea endli amǫi faninfti*** „werde endlich einmal vernünftig!“

9.4.2. Weitere Formen der Aufforderung

bakmas jɛts „packen wir es an! fangen wir jetzt an!“, ***gema*** „gehen wir!“ kann sehr leicht auch Angesprochene einschließen: ***gema jɛts endli*** heißt etwa „setzt euch jetzt endlich in Bewegung!“ ***sàma gšàid*** bedeutet etwa „lasst uns vernünftig sein!“ Ungefähr gleichbedeutend ist die negative Wendung: ***sàma do ned blɛd*** „seien wir doch nicht blöd!“

Beim Verbum ***sài*** „sein“ ist der Imperativ ***sài*** „sei!“ (***sài so guad …*** „tu mir den Gefallen, bitte …“), es kommt aber auch ***bi*** vor (***bi štad*** „sei still, sei ruhig“). Diese jetzt immer seltener werdende Form geht auf althochdeutsch *bis* zurück.

sàma štàd „seien wir ruhig“ – ***sàits štàd*** „seid ruhig“, ***sàn s ma ned bɛs*** „seien Sie mir nicht böse!“ ***štàd***, oft *staad* geschrieben, gehört zusammen mit schriftsprachlichem *stet* in *unstet* „unruhig“, *stets* „andauernd“ und *bestätigen.*

Für die 3. Person Singular kann die Indikativform auch als Aufforderung gebraucht werden, als Subjekt steht dann ***oana*** „jemand“ oder ***oa*** (Plural): ***gɛd oana tsun dokta*** „es möge jemand zum Arzt gehen!“ ***sǫgts oana da oma*** „es möge jemand die Oma informieren!“ ***làfan oa tsum pfara*** „es möge jemand zum Pfarrer gehen!“

9.5. Konjunktiv (Möglichkeitsform)

9.5.1. Konjunktiv, auch Optativ, Irrealis oder Konditional genannt, bezeichnet Handlungen, die hypothetisch oder gewünscht sind. Der Konjunktiv steht im Gegensatz zum Indikativ. Der Konjunktiv hat immer eine Schattierung der Unsicherheit, des Zweifels, auch Wunsch und Wille spielen mit. Es gibt im Althochdeutschen einen Konjunktiv der Gegenwart und einen Konjunktiv der Vergangenheit.

9.5.2. Bereits im Althochdeutschen hat der Konjunktiv im Präsens nur eine Form, die sich eindeutig von der entsprechenden Indikativform unterscheidet: Die 3. Person Singular Indikativ endet auf *-t* (z.B. *gibit* „er gibt"), der Konjunktiv dagegen endet auf einen Vokal (z.B. *gebe* „er möge geben"). Der unbetonte Vokal im Auslaut fällt bei der Entwicklung zum ***M.*** ab, die Konjunktivform wird einsilbig.

Der Konjunktiv des Präsens ist im ***M.*** als eine Kategorie einzustufen, die nur noch marginale Bedeutung hat und lediglich in einigen festen Wendungen weiterlebt. Die Begrüßungsformel ***grias di god*** bedeutet wörtlich „Gott möge dich grüßen" und enthält die Konjunktivform ***grias*** „(er) möge grüßen" (Infinitiv ***griasn*** „grüßen"). Entsprechend sind zu analysieren: ***pfia di god*** „Gott möge dich behüten", ***fagεits god*** „Gott vergelte es", ***dan gnad uns god*** „dann sei uns Gott gnädig", ***seŋ s god*** (auch ***gseŋ s god***) „möge Gott es segnen", ***hεif da god*** „Gott möge dir helfen" („Gesundheit"). Ein Konjunktiv des Präsens liegt auch vor in ***god sài daŋk*** „Gott sei Dank" (***godsàidaŋk*** „Gott sei Dank" wird praktisch als adverbieller Einschub verwendet) und ***hoi s da dàife*** „möge es der Teufel holen" (Verwünschung).

Vermutlich ist die Partikel ***gεi*** (***gεi des makst ma fài šo*** „das machst du mir bitte schon") als Konjunktiv des Präsens vom Verb ***gεitn*** „gelten", also „gelte", einzuordnen; da ist dann auch das auslautende ***-t*** der Verbalwurzel abgefallen. Ein Plural zu ***gεi*** kommt in der Höflichkeitsform ***gεin s*** (***gεin s des blàibd unta uns*** „beachten Sie bitte, dies ist vertraulich, ja, das bleibt unter uns", wörtlich „gelten Sie").

Der Konjunktiv ***hoi*** „möge holen" (zu ***hoin*** „holen") erscheint auch in ***das n da dàife hoi*** „möge ihn der Teufel holen" und (ohne einleitende Konjunktion) ***hoin da dàife*** „(es) hole ihn der Teufel“

Der Konjunktiv des Präsens *ich sei* ist ungebräuchlich, aber diese Konjunktivform lebt im Imperativ ***sài / sàids*** „sei! seid!“ fort.

9.5.3. Im Konjunktiv fehlt durchweg eine Unterscheidung von der 1. Person Singular und der 3. Person Singular. Nach ihrer Bildungsweise kann man drei Typen des Konjunktivs feststellen, die letztlich alle auf dem Konjunktiv der Vergangenheit im Althochdeutschen basieren: „starker“ Konjunktiv ***i kàm*** „ich würde kommen“ (**9.5.4.**), Konjunktiv mit Bildungselement ***-ad*** (**9.5.5.**) und Umschreibung mit ***dàd*** + Infinitiv (**9.5.6.**).

9.5.4. ***i kàm*** „ich würde kommen“ weist gegenüber ***kema/kuma*** „kommen“ eine besondere Form des Wurzelvokals auf: ***i kàm – du kàmst – ea kàm – mia kàman – ia kàmts***. Diese Bildung geht auf den Konjunktiv der Vergangenheit bei starken Verben zurück, die Vorform von ***i kàm*** ist althochdeutsch *quāmi*, man spricht daher vom „starken Konjunktiv“. Er kommt nur bei relativ wenigen Verben noch vor: ***i wà*** „ich wäre“, ***i nàm*** „ich nähme“, ***i gàŋ*** „ich würde gehen“ (***mia gàŋst*** wörtlich „mir gingest du“ drückt immer Ablehnung aus: „da will ich nichts davon wissen“, noch etwas stärker ***mia wenst ned gàŋst***), ***i às*** „ich äße, würde essen“ (ziemlich selten) in Wendung wie ***apfekiache às i gean awa bmuata bakts ned gean*** „Apfelküchel würde ich gerne essen, aber die Mutter bäckt sie nicht gern“. Formen wie ***i sàŋ*** „ich würde singen“ und ***i fànt*** „ich würde finden“ werden selten verwendet.

9.5.5. Vergleichbar mit dem „starken Konjunktiv“ sind die folgenden Formen, die ebenfalls auf der Vergangenheit basieren: ***i kànt/i kunt*** „ich könnte, ***i soit*** „ich sollte“, ***i miast*** „ich müsste“, ***i woit*** „ich würde gerne“, ***i meht*** „ich möchte“ (***wen i meht mahad i des*** „wenn ich dazu Lust hätte, würde ich dies machen“, ***du mekst as ned glàm wǫs da dlàid ǫis fatsɛin*** „du würdest es kaum glauben, was dir die Leute alles an Geschichten erzählen“), ***i bràht des šo tsam*** „ich würde das schon schaffen, ich brächte es zusammen …“

9.5.6. ***i sǫgad*** „ich würde sagen" zu (Indikativ) ***i sǫg*** weist ein eigenes Bildungselement ***-ad*** auf. Man kann von der 1. Person Singular ausgehen und jeweils die Merkmale anfügen: ***i sǫgad – du sǫgadst – ea sǫgad – mia sǫgadn – ia sǫgads***. Diese Bildungsweise gehört ursprünglich zu schwachen Verben, der Dental in -***ad*** entspricht dem Suffix *-t-* in *macht̲e* etc. Es handelt sich somit um den Konjunktiv des Präteritums bei schwachen Verben. Der Konjunktiv auf ***-ad*** ist bei allen Verben möglich, -***ad*** kann auch bei den bereits als Konjunktiv gekennzeichneten Formen wie ***i kàm*** zusätzlich antreten: ***i kàmad – du kàmadst – ea kàmad – mia kàmadn – ia kàmads***.

In der 2. Person Singular wird die Gruppe ***-dst*** oft zu -***st*** vereinfacht: ***du kàmast ma grǫd rεht*** „du kämest mir gerade recht" (meist im gegenteiligen Sinn: „ich kann dich jetzt ganz und gar nicht gebrauchen"). Da -***st*** das regelrechte Personalkennzeichen für die 2. Person Singular darstellt, ist dann das Merkmal ***-ad-*** für den Konjunktiv zu -***a***- reduziert. Ein Grund für die Vereinfachung von ***kàmadst*** > ***kàmast*** mag darin liegen, dass in der 2. Person Plural eine theoretisch zu erwartende Form ***ia kàmadts*** zu ***ia kàmats*** führt, dass also das Personalkennzeichen -***ts*** direkt an den scheinbaren Konjunktivstamm ***kàma-*** antritt. Dieser Konjunktiv ist bei allen Verben möglich: ***gšehad – bǫi nua wǫs gšehad*** „wenn nur etwas geschehen würde" (***gšeha*** „geschehen"), ***i gεad*** „ich würde gehen" (***ge*** „gehen"), ***i siŋad*** „ich würde singen" etc.

9.5.7. Besonders wichtig ist in diesem Zusammenhang ***i dàd*** „ich täte", eine auf althochdeutsch *tāti* zurückweisende Form, die zum Vergangenheitsparadigma *teta/tāti* „ich tat, du tatest" gehört. ***i dàd sǫŋ*** „ich würde sagen" besteht aus dem Konjunktiv ***dàd*** „täte" von ***doa*** „tun" zusammen mit dem Infinitiv des Verbs ***sǫŋ*** „sagen". ***dǫ dàd a da à štiŋga*** „das würde dich auch ärgern" („da täte er dir auch stinken").

Diese Möglichkeit, die bei jedem Infinitiv denkbar ist, besteht nicht bei zusammengesetzten Zeitformen: ***i hεd gsǫgd*** „ich hätte gesagt" (Indikativ: ***i hǫb gsǫgd*** „ich habe gesagt"), ***si wà gwis kuma*** „sie wäre bestimmt gekommen" (Indikativ: ***si is gwis kuma*** „sie ist bestimmt gekommen"). ***wenst n drum bitn dàdst***

dàda da s gem „wenn du ihn darum bitten würdest, würde er es dir geben (wenn du ihn bitten tätest, täte er es dir geben)“

9.5.8. Etwa für „wenn er käme“ sind folgende Möglichkeiten gegeben:
wena kàm/ wena kàmad/ wena kemad/ wena kumad/ wena kema dàd/ wena kuma dàd. Es ist besonders zu beachten, dass Bildungen mit der Entsprechung zu *würde* im ***M.*** von Haus nicht üblich sind, in neuer Zeit aber immer häufiger verwendet werden.

Der Konjunktiv ***werad*** kommt mit Adjektiven oder Formen des Partizips Perfekt zur Bildung des Passivs zusammen vor: ***i wearad nariš bǫi den šbektakl aushǫitn miasad*** „ich würde verrückt werden, wenn ich diesen Lärm aushalten müsste“, ***du wearast gfrǫgd*** „du wärst an der Reihe (= du bist gefragt)“, ***du wearast àiglǫn*** „du würdest eine Einladung erhalten“

Ein paar Beispiele für Mehrfachbildungen:
i bintad – i bànt – i bàntad „ich würde binden“,
i brauhad – bràihad „ich bräuchte“,
i bringad – bràht – bràhtad „ich würde bringen“,
i findad – fànt – fàntad „ich würde finden“,
i gɛad – gàŋ – gàŋad „ich würde gehen“.

9.5.9. Im ***M.*** wird der Konjunktiv ausgesprochen häufig verwendet, wie die folgenden Beispiele zeigen: ***dàdn si mia bitše hɛifa*** „könnten Sie mir bitte behilflich sein“ kann noch mit ***gɛ*** (ohne nennenswerte Funktion) eingeleitet werden: ***gɛ dadn si mia bitše hɛifa***. Zwischen ***i muas*** „ich muss“ und ***i miasat*** „ich müsste“ ist der Bedeutungsunterschied gering, aber beim Konjunktiv liegt immer eine Nuance der Einschränkung und Zurückhaltung vor, wie die folgenden Beispiele zeigen.

Wenn die Sekretärin dem Chef einer größeren Firma meldet, dass Herr Meier, ein wichtiger Geschäftspartner, den man erwartet, tatsächlich an Ort und Stelle ist, dann sagt sie am ehesten: ***da maia wà do***, wörtlich „der Meier wäre da“, und fragt damit eher zögernd an, ob dieser Herr Meier jetzt zur Audienz vorzulassen ist.

Der Mesner einer kleinen Bergkapelle wird gefragt, ob denn in dem winzigen Innenraum Platz für alle Gläubigen ist. Seine Antwort lautet: ***wans ale gàŋadn dan gàŋadn s ned nài awa wàis ned ale geŋa drum geŋan s nài*** „wenn alle (zum Gottesdienst) gingen, dann wäre nicht genug Platz (dann gingen nicht alle hinein), aber weil nicht alle kommen, deshalb ist ausreichend Platz“

In unserer Zeit meint man oft, es könnte alles besser sein, man schraubt die Wünsche immer höher in der Hoffnung, dass man dann wirklich glücklich wird: ***hɛde dàde wàre*** „hätte ich, täte ich, wäre ich …“ sind drei Wunschkonjunktive. Man denkt: ***hɛde s gɛid dàde ma a haus kàfa dan wàre fro*** „hätte ich (genug) Geld, würde ich ein Haus kaufen, dann wäre ich glücklich“. Vielleicht ist es doch von Zeit zu Zeit nützlich, die Lage umgekehrt zu betrachen. Sicherlich könnte alles *besser* sein. Aber man sollte einhalten und ein bisschen überlegen: ***es kunt à šlima sài*** „es könnte auch (noch) schlimmer sein“. Da liegt doch Trost darin.

9.6. Partizip Präsens und Partizip Perfekt

9.6.1. Das Partizip als grammatische Kategorie nimmt eine Zwischenstellung zwischen dem Verb und dem Nomen ein. Das Partizip kann gebeugt werden wie ein Adjektiv. Partizipien wie *schreibend* und *geschrieben* weisen die Verbalwurzel *schreib-/ schrieb-* auf: In *die schreibenden Kinder* und *die geschriebenen Briefe* haben sie die Funktion von Adjektiven.

9.6.2. Das Partizip Präsens, das den schriftsprachlichen Formen auf *-end* etspricht, ist im Gebrauch sehr eingeschränkt. Als Beispiele kann man ***a drǫgade kua*** „eine trächtige Kuh“ (zu ***drǫŋ*** „tragen“) und ***a làfade nǫsn*** „eine triefende Nase“ (zu ***làfa*** „laufen“) erwähnen: ***drǫgad*** bedeutet zwar „tragend“, dabei ist aber nicht gemeint, dass man zu einem konkreten Zeitpunkt eine Last transportiert; ***a làfade nǫsn*** ist nicht „laufend“ im Sinn einer Fortbewegung, vielmehr kommt Nasenschleim herunter. Die Formen ***drǫgad*** „trächtig“ und ***làfad*** „triefend“ sind also Adjektiva. Auch bei ***a hiŋkada bɛtla*** ist nicht gemeint, dass der

Bettler jetzt gerade hinkt, vielmehr wird mit ***hiŋkad*** zum Ausdruck gebracht, dass seine Behinderung bleibenden Charakter hat. Die Formen auf -***ad*** fungieren durchweg als Adjektiva und bezeichnen einen Zustand und nicht eine aktuelle Tätigkeit. In der Redensart zeigt sich die Bedeutung gut: ***špàiwade kinda blàiwade kinda*** (wörtlich) „speiende Kinder (sind) bleibende Kinder" bringt zum Ausdruck, dass „Kinder, die sich (öfter) übergeben, am Leben bleiben", also gute Überlebenschancen haben.

9.6.3. Im ***M.*** ist eine Reihe von Bildungen auf -***ad*** anzutreffen, bei denen es sich wirklich um Adjektiva handelt, die aber nicht direkt als Partizipia des Präsens einzustufen sind: ***dorad*** „schwerhörig" entspricht schriftdeutsch *töricht* und zeigt, dass man leicht den Schwerhörigen als „dumm" einstuft, ***gropfad*** „einen Kropf habend", ***gwampad*** „einen dicken Bauch habend", ***groskopfad*** „mächtig", ***tsanlukad*** „eine Zahnlücke habend", ***blatad*** „glatzköpfig" (***du muast an dràì blatade deŋga dan fagɛd da šnàkla*** „du musst an drei Glatzköpfige denken, dann vergeht der Schluckauf"), ***gšlampad*** „schampig", ***nakad*** „nackt", ***gšpinad***, ***depad***, ***dàpad*** „verrückt, dumm", ***dràmhàpad*** „verschlafen", wörtlich „traumhäuptig", ***hǫiwad*** „halb". In ***glifad*** „geliefert" (***jɛts bin i glifad*** „ich kann nicht mehr, ich bin sozusagen ausgeliefert)" liegt ein Partizip des Perfekts (**9.6.4.**) vor, ebenso in ***gfedad*** „gefedert", ***tsukad*** „gezuckert", ***gakad*** „geackert", ***gmauad*** „gemauert". Bei ***depad*** kann man auch ***tsadepan*** „zerbrechen" denken, das Partizip ist dann tatsächlich ***depad***.

9.6.4. Das Partizip des Perfekts steht in formaler Beziehung zu Vergangenheitsformen, häufig drückt es aus, dass eine Handlung vollzogen ist, es hat oft passivische Funktion. Wegen des Bezugs zur Vergangenheit kann man zwei grundlegend verschiedene Bildungsweisen unterscheiden, selbst wenn die Kategorie des Präteritums im ***M.*** nicht mehr vorhanden ist: Bei den schwachen Verben tritt ein Dentalsuffix an, dagegen weist bei den starken Verben das Partizip Perfekt Ablaut in der Wurzel und eine Endung auf, die im Althochdeutschen wie beim Infinitiv *-an* war. Das Präfix war häufig *gi-*, z.B. *gifar<u>an</u>* „gefahren" gegenüber *gimach<u>ot</u>* „gemacht". Zu ***suaha*** „suchen", einem schwachen Verb (vgl. *suchen – suchte*), lautet das Partizip ***gsuaht*** „gesucht". Im Folgenden wird das Zeichen beim Partizip Perfekt von Verben der schwachen Klasse meist mit ***-t*** angegeben, obwohl oft ***-d*** zutreffender wäre; ***-t*** ist nach der Schriftsprache ausgerichtet. Während bei den schwachen Verben die Bildung des Partizip Perfekts relativ einfach ist, kommt bei den starken Verben eine Veränderung in der Wurzel hinzu. Zu ***hɛifa*** „helfen" lautet das Partizip Perfekt ***ghoifa*** „geholfen", gesprochen als ***koifa***. Da nahezu jede einzelne Form des Partizip Perfekts irgendeine Besonderheit aufweist, kann die folgende Zusammenstellung in keiner Weise vollständig sein.

Das Präfix *gi-* im Althochdeutschen führt regelmäßig zu *ge-*, im ***M.*** fällt der ungetonte Vokal *-e-* aus. Daher finden wir im Partizip des Perfekts Formen wie ***gaŋlt*** „geangelt" (***aŋln*** „angeln"). Freilich wird ***g-*** des Präfixes an einen folgenden Konsonanten angeglichen, und so finden wir etwa ***gaŋa*** „gegangen" (***ge*** „gehen"). Bei ***kema*** „gekommen" (Infinitiv ***kema*** „kommen") ist bemerkenswert, dass *queman* auch im Ahd. ohne *gi-* erscheint.

Das Auftreten des Präfixes kann folgendermaßen bestimmt werden: ***g-*** erscheint bei Verben, die mit einem Vokal oder ***f-***, ***j-***, ***l-***, ***m-***, ***n-***, ***r-***, ***s-***, ***w-*** anlauten:
gaŋld „geangelt" (***aŋln*** „angeln"), ***gesn*** „gegessen" (***esn*** „essen"), ***gimpft*** „geimpft" (***impfa*** „impfen"), ***godld*** „Odel ausgefahren" (***odln*** „Odel ausfahren"), ***gjǫgd*** „gejagt" (***jǫŋ*** „jagen"), ***gfǫin*** „gefallen" (***fǫin*** „fallen", ***gfǫin*** ist auch Partizip zu ***gfǫin*** „gefallen", ***des štikl hǫd ma guad gfǫin*** „dieses Stück hat mir gut gefallen"), ***gfrǫgt*** „gefragt" (***frǫŋ*** „fragen"), ***gfɛit*** „gefehlt" (***fɛin*** „fehlen"), ***gfroan*** „gefroren" (***frian*** „frieren"), ***gfuntn*** „gefunden", auch ***gfuna*** (***fintn*** „finden"), ***gjàmat*** „gejammert" (***jàman*** „jammern"), ***gjodlt*** „gejodelt" (***jodln*** „jodeln"), ***glesn*** „gelesen" (***lesn*** „lesen"), ***glitn*** „geläutet" (***làitn*** „läuten"), ***glàfa*** „gelaufen" (***làfa*** „laufen"), ***gloŋ*** „gelogen" (***liaŋ*** „lügen"), ***gmoant*** „gemeint" (***moana*** „meinen"), ***gmišt*** „gemischt" (***mišn*** „mischen"), ***gmaht*** „gemacht" (***maha*** „machen"), ***gmàd*** „gemäht" (***màn*** „mähen"), ***gmǫin*** „gemalt, gemahlen" (***mǫin*** „malen, mahlen"), ***gnuma*** „genommen" (***nema*** „nehmen"), ***gnàd*** „genäht" (***nàn*** „nähen"), ***gnǫglt*** „gena-

gelt“ (***nǫgln*** „nageln“), ***gnutst*** „genützt“ (***nutsn*** „nützen“), ***gràdld*** „mit dem Fahrrad gefahren, geradelt“ (***ràdln*** „radeln“), ***gritn*** „geritten“ (***ràitn*** „reiten“), ***grupft*** „gerupft“ (***rupfa*** „rupfen“), ***groha*** „gerochen“ (***riaha*** „riechen“, auch „gekrochen“ zu ***griaha*** „kriechen“), ***gsuŋa*** „gesungen“ (***siŋa*** „singen“), ***gsǫgd*** „gesagt“ (***sǫŋ*** „sagen“), ***gšpuid*** „gespielt“ (***špuin*** „spielen“, auch „gespült“ zu ***špuin*** „spülen“), ***gwoand*** „geweint“ (***woana*** „weinen“), ***gwuna*** „gewonnen“ (***gwina*** „gewinnen“), ***gwet*** „gewettet“ (***wetn*** „wetten“), ***gwuisld*** „gewinselt“ (***wuisln*** „winseln“), ***gšǫitn*** „geschaltet“ (***šǫitn*** „schalten“, ***wea hǫd s liaht ausgšǫitn*** „wer hat das Licht ausgeschaltet?“).

Wenn die Verbalwurzel mit ***b-***, ***d-***, ***ts-***, ***g-***, ***k-***, ***kw-*** anlautet, assimiliert sich ***g-*** vollständig:
buntn „gebunden“ (***bintn*** „binden“), ***bɛt*** „gebetet“ (***bɛtn*** „beten“), ***blǫsn*** „geblasen“ (***blǫsn*** „blasen“), ***briat*** „gebrütet“ (***briatn*** „brüten“), ***druŋga*** „getrunken“ (***driŋga*** „trinken“), ***dauht*** „getaucht“ (***dauha*** „tauchen“), ***daufd*** „getauft“ (***daufa*** „taufen“), ***dàiksld*** „in Ordnung gebracht, gedeichselt“ (***dàiksln*** „deichseln), ***dràd*** „gedreht“ (***dràn*** „drehen“), ***deŋt*** „gedacht“ (***deŋga*** „denken“, ***deŋt*** in ***i hǫb deŋt*** wird oft durch ***daht*** oder auch ***gedaht*** ersetzt), ***tsǫid*** „gezahlt, bezahlt“ (***tsǫin*** „zahlen“), ***tsoagd*** „gezeigt“ (***tsoaŋ*** „zeigen“), ***tsoŋ*** „gezogen“ (***tsiaŋ*** „ziehen“), ***tsàihned*** „gezeichnet“ (***tsàihnan*** „zeichnen“), ***gaŋa*** „gegangen“ (***ge*** „gehen“), ***gem*** „gegeben“ (***gem*** „geben“), ***glàbd*** „geglaubt“ (***glàm*** „glauben“, auch zu ***glàm*** „klauben“), ***grǫm*** „gegraben“ (***grǫm*** „graben“), ***goitn*** „gegolten“ (***gɛitn*** „gelten“), ***gluŋa*** „geklungen“ (***gliŋa*** „klingen“), ***gluŋa*** „gelungen“ (***gliŋa*** „gelingen“), ***groha*** „gekrochen“ (***griaha*** „kriechen“), ***kohd*** „gekocht“ (***koha*** „kochen“), ***kàfd*** „gekauft“ (***kàfa*** „kaufen“), ***kend*** „gekannt, erkannt“ (***kena*** „kennen“).

Wenn das Verb mit ***h-*** anlautet, wird ***g-*** assimiliert und es entsteht ***k-***: ***kapt*** „gehabt“ (***ham*** „haben“), ***kǫitn*** „gehalten“ (***hǫitn*** „halten“), ***koifa*** „geholfen“ (***hɛifa*** „helfen“), ***kead*** „gehört“ (***hean*** „hören“), ***kaud*** „gehauen, geschlagen“ (***haun*** „hauen“), ***hikaud*** „gestürzt“ (***hihaun*** „stürzen“, ***den hǫds hikaud*** „er ist gestürzt“, ***hihaun*** hat auch die Bedeutung „gelingen“, ***des hǫd hikaud*** „das hat funktioniert, das war erfolgreich“), ***kept*** „gehoben, gehalten“ (***hem*** „heben, halten“, ***des hǫd šo laŋ ghebt*** „das hat schon lange gehalten“), ***àibuitn*** „sich einbilden“ (***des hǫd sa se àibuit*** „das hat sie sich eingebildet“).

Bei folgenden Formen des Partizip Perfekts erscheint die Wurzel in der gleichen Form wie im Präsens und Infinitiv:
baha „gebacken“, ***brǫn*** „gebraten“, ***drǫŋ*** „getragen“, ***gem*** „gegeben“

Immer ohne Präfix sind: ***lasn*** „gelassen“, ***meŋ*** „gemocht“, ***miasn*** „gemusst“, ***soin*** „gesollt“, ***woan*** „geworden“, ***kema*** „gekommen“.

In der überwiegenden Gruppe von Formen des Partizip Perfekts zu starken Verben tritt ein Vokalwechsel (Ablaut) gegenüber dem Präsens und Infinitiv auf. Folgende Möglichkeiten sind zu beachten:
i (gegenüber ***ai*** im Präsens): ***bisn*** „gebissen“ (***bàisn*** „beißen“), ***blim*** „geblieben“ (***blàim*** „bleiben“), ***drim*** „getrieben“, ***iwadrim*** „übertrieben“ (***dràim*** „treiben“, ***iwadràim*** „übertreiben“), ***grim*** „gerieben“ (***ràim*** „reiben“), ***grisn*** „gerissen“ (***ràisn*** „reißen“), ***grifa*** „gegriffen“ (***gràifa*** „greifen“), ***gritn*** „geritten“ (***ràitn*** „reiten“), ***gšpim*** „gespien“ (***špàim*** „speien“), ***gštiŋ*** „gestiegen“ (***štàiŋ*** „steigen“), ***gštriha*** „gestrichen“ (***štràiha*** „streichen“), ***gšlifa*** „geschliffen“ (***šlàifa*** „schleifen“), ***gšliha*** „geschlichen“ (***šlàiha*** „schleichen“), ***gšmisn*** „geschmissen“ (***šmàisn*** „schmeißen“; ***jɛts sama aufgšmisn*** „jetzt sind wir in prekärer Lage“), ***gšnim*** „geschneit“ (***šnàim*** „schneien“, auch ***gšnaibt*** besonders im übertragenen Sinn, ***dǫ hǫds de gants fawantšaft raigšnàibt*** „da ist – überraschend – die ganze Verwandtschaft dahergekommen = hereingeschneit“; die Verbalwurzel bei „schneien“ endet ursprünglich auf /w/, daher erscheint in der 3. Person Singular ***šnaibt*** (-***wt***)), ***gšnin*** „geschnitten“ (***šnàin*** „schneiden“), ***gšrim*** „geschrieben“ (***šràim*** „schreiben“), ***gštiŋ*** „gestiegen“ (***štàiŋ*** „steigen“), ***gštriha*** „gestrichen“ (***štràiha*** „streichen“), ***gštritn*** „gestritten“ (***štràitn*** „streiten“), ***pfifa*** „gepfiffen“ (***pfàifa*** „pfeifen“), ***bšisn*** „betrogen“ (***bšàisn*** „betrügen“), ***glitn*** für ‚geläutet‘ (Inf. ***làitn***) ist sekundär nach ***gritn*** u.ä. gebildet.

o (gegenüber ***ia*** im Präsens):
boŋ „gebogen" (***biaŋ*** „biegen"), ***gloŋ*** „gelogen" (***liaŋ*** „lügen"), ***tsoŋ*** „gezogen" (***tsiaŋ*** „ziehen"), ***gsotn*** „gesotten" (***sian*** „sieden"), ***fadrosn*** „verdrossen" (***fadriasn*** „verdrießen"), ***gflosn*** „geflossen" (***fliasn*** „fließen"), ***gosn*** „gegossen" (***giasn*** „gießen"), ***gšosn*** „geschossen" (***šiasn*** „schießen"), ***gšlosn*** „geschlossen" (***šliasn*** „schließen"), ***gšom*** „geschoben" (***šiam*** „schieben"), ***gfloŋ*** „geflogen" (***fliaŋ*** „fliegen"), ***faloan*** „verloren" (***falian*** „verlieren"), ***gfroan*** „gefroren" (***frian*** „frieren"), ***groha*** „gekrochen" (***griaha*** „kriechen"), ***groha*** „gerochen" (***riaha*** „riechen")

u (gegenüber ***i*** im Präsens):
gšwuma „geschwommen" (***šwima*** „schwimmen"), ***gšpuna*** „gesponnen" (***špina*** „spinnen"), ***gwuna*** „gewonnen" (***gwina*** „gewinnen"), ***gluŋa*** „geklungen" (***gliŋa*** „klingen"), ***gsuŋa*** „gesungen" (***siŋa*** „singen"), ***fasuŋka*** „versunken" (***fasiŋka*** „versinken"), ***fašluŋa*** „verschlungen" (***fašliŋa*** „verschlingen"), ***gšpruŋa*** „gesprungen" (***špriŋa*** „springen"), ***gštuŋka*** „gestunken" (***štiŋka*** „stinken"), ***gšwuŋa*** „geschwungen" (***šwiŋa*** „schwingen"), ***druŋka*** „getrunken" (***driŋka*** „trinken"), ***tswuŋa*** „gezwungen" (***tswiŋa*** „zwingen"), ***buntn*** „gebunden" (***bintn*** „binden"), ***gšuntn*** „geschunden" (***šintn*** „schinden"), ***gfuntn*** „gefunden" (***fintn*** „finden"), ***gwunšn*** „gewünscht" (***winšn*** „wünschen")

o (gegenüber ***e*** im Präsens):
gnoma „genommen" (***nema*** „nehmen"), ***drofa*** „getroffen" (***drefa*** „treffen"), ***drošn*** „gedroschen" (***drešn*** „dreschen"), ***broha*** „gebrochen" (***breha*** „brechen"), ***dašroka*** „erschrocken" (***dašreka*** „erschrecken"), ***ghom*** (klingt wie ***kom***) „gehoben" (***hem*** „heben", auch ***ghebt***), ***fašproha*** „versprochen" (***fašpreha*** „versprechen"), ***gwoafa*** „geworfen" (***weafa*** „werfen"), ***fadoam*** „verdorben" (***fadeam*** „verderben"), ***gštoam*** „gestorben" (***šteam*** „sterben"), ***woan*** „geworden", ***es is no ǫiwài woan*** „es hat sich noch immer eine Lösung ergeben" (***wean*** „werden"), ***gwoafa*** „geworfen" (***weafa*** „werfen"), ***ghoifa*** „geholfen" (***hɛifa*** „helfen"), ***gšǫitn*** „geflucht" (***šɛitn*** „fluchen", nicht „tadeln"), ***gmoika*** „gemolken" (***mɛika*** „melken"), ***gštoin*** „gestohlen" (***štɛin*** „stehlen": ***des ko ma gštoin blàim*** „da lege ich keinerlei Wert darauf",

wörtlich „das kann mir gestohlen bleiben“), ***gšwoan*** „geschworen“ (***šwean*** „schwören“)

e (gegenüber ***i*** im Präsens):
gleŋ „gelegen“ (***liŋ*** „liegen“), ***gsesn*** „gesessen“ (***sitsn*** „sitzen“)

u (gegenüber ***au*** im Präsens):
gsufa „gesoffen“ (***saufa, sàfa*** „saufen“)

e (ebenso wie im Präsens):
gem „gegeben“ (***gem*** „geben“), ***gesn*** „gegessen“ (***esn*** „essen“), ***fagesn*** „vergessen“ (***fagesn*** „vergessen“), ***glesn*** „gelesen“ (***lesn*** „lesen“), ***gsɛŋ*** „gesehen“ (***sɛŋ*** „sehen“), ***gšɛŋ*** „geschehen“ (***gšɛŋ*** „geschehen“)

Identität von Partizip Perfekt und Infinitiv ist ferner bei folgenden Beispiele zu beobachten: ***gmǫin*** „gemahlen“ (***mǫin*** „mahlen“), ***gfan*** „gefahren“ (***fan*** „fahren“), ***grǫm*** „gegraben“ (***grǫm*** „graben“), ***gwašn*** „gewaschen“ (***wašn*** „waschen“), ***drǫŋ*** „getragen“ (***drǫŋ*** „tragen“), ***gšlǫŋ*** „geschlagen“ (***šlǫŋ*** „schlagen“), ***baha*** „gebacken“ (***baha*** „backen“), ***gfǫin*** „gefallen“ (***fǫin*** „fallen“), ***gšpǫitn*** „gespalten“ (***špǫitn*** „spalten“), ***blǫsn*** „geblasen“ (***blǫsn*** „blasen“), ***grǫn*** „geraten“ (***rǫn*** „raten“), ***glasn*** „gelassen“ (***lasn*** „lassen“), ***ghǫitn*** „gehalten“ (***hǫitn*** „halten“), ***gšlafa*** „geschlafen“ (***šlafa*** „schlafen“), ***gfaŋa*** „gefangen“ (***faŋa*** „fangen“), ***gruafa*** „gerufen“ (***ruafa*** „rufen“).

Außer der Reihe stehen: ***gštantn*** „gestanden“ (***šte*** „stehen“), ***gaŋa*** „gegangen“ (***ge*** „gehen“), ***brǫht*** „gebracht“, ***ea hǫts tsam brǫht*** „er hat es geschafft (zusammen gebracht)“ (***briŋa*** „bringen“).

Das Partizip ***ogfaŋt*** „begonnen“, ***ea hǫts ogfaŋgt*** „er hat damit begonnen, er hat es begonnen, er hat damit begonnen (mit dem Streiten)“ (***ofaŋa*** „beginnen“) folgt den schwachen Verben, ebenso ***gšàint*** „geschienen“ (***šàina*** „scheinen“), ***gšnàit*** „geschneit“ (***šnàia*** „schneien“), ***deŋkt*** „gedacht“, ***i hǫb ma niks dabài deŋkt*** „ich habe mir dabei keine Gedanken gemacht“ (***deŋka*** „denken“), ***grend*** „gerannt“, ***wen ma an esl nend kumd a grend*** „wenn man einen Esel nennt, kommt er gerannt“ (man erwähnt eine Person, und in dem Augenblick erscheint sie schon), (***rena*** „laufen“). Dagegen ist ***gwunšn*** „gewünscht“ (***winšn***) nach den starken Verben wie ***fintn*** „finden“ ausgerichtet. ***do*** „getan“, ***i hǫb da niks do*** „ich habe dir nichts angetan“ (***dua*** „tun“) hat den Nasal im Auslaut verloren.

Bei den Hilfszeitwörtern (**9.2.7.**) folgt das Partizip der Bildungsweise der starken Verben, das Partizip ist formal identisch mit dem Infinitiv: ***miasn*** „gemusst“ (***i hǫb làfa miasn*** „ich musste laufen“), ***deafa*** „gedurft“ (***i hǫb in d šui deafa*** „ich habe in die Schule gedurft“), ***soin*** „gesollt“ (***ea hɛd kema soin*** „es wäre wünschenswert gewesen, dass er kommt, wenn er nur gekommen wäre“), ***woin*** „gewollt“ (***bǫi a nua woin hɛd*** „wenn er nur gewollt hätte“, ***si hǫd kema woin*** „sie hatte die Absicht zu kommen“); dagegen ***gwust*** „gewusst“ (***wisn*** „wissen“), älter ***gwist***, nach der Schriftsprache ausgerichtet.

9.7. Infinitiv (Nennform)

9.7.1. Das Kennzeichen für den Infinitiv war im Althochdeutschen *-an*, z.B. *neman* „nehmen“. Die Infinitive haben im ***M.*** ein vielfältiges Aussehen. Die Grundtendenz ist eindeutig Abschwächung der unbetonten Silbe. Der Infinitiv ist formgleich mit der 1./3. Person Plural des Präsens Indikativs. Den Auslaut ***-an*** weisen nur wenige Verben auf, die ursprünglich dreisilbig waren: ***wundan*** „wundern“, ***šɛwan*** „scheppern“, ***wandan*** „wandern“, ***kiman*** „kümmern“, ***flistan*** „flüstern“, ***boistan*** „polstern“, ***rɛhnan*** „rechnen“.

9.7.2. Wenn das auslautende *-n* des Merkmals *-an* abfällt, bleibt ***-a*** übrig. Die Endung ***-a*** findet sich bei Verbalwurzeln auf ***-h***, ***-f***, ***-p***, ***-k***, ***-m***, ***-n***, ***-ŋ***: ***laha*** „lachen“, ***maha*** „machen“, ***šteha*** „stechen“, ***koha*** „kochen“, ***šàiha*** „verjagen“ (***i wui de kats fašàiha*** „ich will die Katze verjagen“), ***làfa*** „laufen“, ***hofa*** „hoffen“, ***deafa*** „dürfen“, ***šnaufa*** „schnaufen, atmen“, ***šlafa*** „schlafen“, ***dropfa*** „tropfen“, ***bapa*** „kleben“, ***ruka*** „rücken“, ***buka*** „bücken“, ***baha*** „backen“, ***baka*** „packen“, ***deŋka*** „denken“, ***nema*** „nehmen“, ***štima*** „stimmen“, ***rena*** „rennen“, ***wona*** „wohnen“,

woana „weinen“, ***siŋa*** „singen“, ***reŋa*** „regnen“, ***šnapa*** „schnappen“, ***šlepa*** „schleppen“, ***lona*** „lohnen“ (***des muas se lona*** „das muss sich auszahlen“).

9.7.3. Wenn der unbetonte Vokal der Endung *-an* fällt, bleibt ***-n*** allein übrig. Der Ausgang ***-n*** findet sich bei Verbalwurzel auf ***-d***, ***-t***, ***-s***, ***-š***, ***-ts***, ***-r***: ***fintn*** „finden“, ***bintn*** „binden“, ***essn*** „essen“, ***griassn*** „grüßen“, ***miassn*** „müssen“, ***lesn*** „lesen“, ***wašn*** „waschen“, ***drɛšn*** „dreschen“, ***winšn*** „wünschen“, ***dawišn*** „erreichen“, ***huastn*** „husten“, ***fastn*** „fasten“, ***wartn*** „warten“, ***wetn*** „wetten“, ***gɛitn*** „gelten“, ***tsǫin*** „zahlen“, ***šbuin*** „spielen, spülen“ ***hiatn*** „hüten“, ***gratsn*** „kratzen“, ***sitsn*** „sitzen“, ***butsn*** „putzen“, ***ren*** „reden“ (***redn***), ***bǫn*** „baden“ (***bǫdn***), ***làin*** „leiden“, ***šǫn*** „schaden“ ***hean*** „hören“, ***špean*** „sperren“, ***špan*** „sparen“. Der Infinitiv auf ***-n*** findet sich auch bei vokalisch auslautenden Verbalwurzeln: ***fràin*** „freuen“, ***haun*** „hauen“, ***baun*** „bauen“, ***sàn*** „säen“, ***màn*** „mähen“, ***wàn*** „wehen“, ***dràn*** „drehen“, ***nàn*** „nähen“, ***štràn*** „streuen“ hat auch die Bedeutung „ausrutschen und hinfallen“: ***wan i ned gštràd hɛd hɛd s di gštràd*** „wenn ich nicht gestreut hätte, wärest du ausgerutscht (und gefallen)“.

Ebenso erscheint ***-n*** bei ***nǫgln*** „nageln“, ***šdrampln – šdrampen*** „strampeln“, ***segln*** „segeln“.

Folgende Sonderfälle weisen Assimilierung auf: ***lem*** „leben“, ***gem*** „geben“, ***fadeam*** „verderben“, ***šnàim*** „schneien“, ***špàim*** „erbrechen“; ***liŋ*** „liegen“, ***tsiaŋ*** „ziehen“, ***liaŋ*** „lügen“, ***sɛŋ*** „sehen“, ***gšɛŋ*** „geschehen“, ***leŋ*** „legen“, ***sǫŋ*** „sagen“, ***šauŋ*** „schauen“, ***ràim*** „reiben“, ***frǫŋ*** „fragen“, ***sǫŋ*** „sagen“, ***drǫŋ*** „tragen“.

Besondere Formen des Infinitivs weisen folgende vier Verben auf, bei denen der Infinitiv nicht mit der für 1./3. Plur. Präsens identisch ist:
sài „sein“ (vgl. ***mia san*** „wir sind“), ***dua doa*** „tun“ (vgl. ***mia dean*** „wir tuen“), ***ge*** „gehen“ (vgl. ***mia geŋa*** „wir gehen“), ***šte*** „stehen“ (vgl. ***mia šteŋa*** „wir stehen“): ***sài – dua doa – ge – šte*** weisen jeweils leichte Nasalierung des Vokals auf, ein Hinweis auf den ursprünglichen Auslaut *-n*, der verklungen ist.

9.7.4. Der Infinitiv wird regelmäßig verwendet bei ***tsum*** „zu", um auf ein Ziel hinzuweisen: ***de ham kàm wǫs tsum esn gem awa o*** „sie haben kaum etwas zu essen, geben aber an (prahlen)"; ***des hǫd niks tsum sǫŋ*** „das hat nichts zu sagen, das hat keine Bedeutung". Die schriftdeutsche Konstruktion mit *um zu* ist nicht üblich: ***da leara kimt und sǫgd wia mas maha soin*** „der Lehrer kommt um zu sagen, wie wir es machen sollen". ***i gɛ in kela und hoi katofe*** „ich gehe in den Keller, um Kartoffeln zu holen".

Dagegen zieht ***brauha*** normalerweise reinen Infinitiv nach sich: ***du brauhst di aufreŋ*** „du hast es gerade nötig, dass du dich aufregst", ***du brauhst ren*** wörtlich „du musst reden", gemeint ist aber „du hast wirklich keinen Grund, dich zu Wort zu melden", ***ea moand ea brauht blos sǫŋ hàfal dan is dwuašt à šo drin*** „er meint, wenn er sagt „Topf", dann ist die Wurst auch schon darin" (von einer verwöhnten und anspruchsvollen Person, die es für selbstverständlich hält, dass sie bedient wird).

9.8. Zusammengesetzte Verbalformen

Als Pontius Pilatus gebeten wurde, die Inschrift auf dem Kreuz Jesu zu korrigieren, soll er sinngemäß mit *quod scripsi scripsi* (wörtlich „was ich schrieb, das schrieb ich") reagiert haben. Damit wollte er dem Unterfangen, die Inschrift zu verändern, eine klare Absage erteilen. Auf ***M.*** könnte man die drei lateinischen Wörter am ehesten wiedergeben mit: ***wǫs i gšrim hǫb des hǫwi gšrim*** (= „was ich einmal geschrieben habe, das bleibt geschrieben, basta"). Von Caesar wird überliefert, dass er geäußert haben soll: *veni vidi vici* „ich kam, sah, siegte". Auch diese lateinischen Perfektformen müsste man im ***M.*** umschreiben: ***i bi hikema hǫb higšaugt und šo hǫw i gwuna kapt*** „ich bin hingekommen, habe hingeschaut und schon hatte ich gewonnen (= war ich siegreich)". Eine einfache Vergangenheitsform ist im ***M.*** weitgehend nicht in Gebrauch, meist werden Umschreibungen mit dem Partizip des Perfekts und einer finiten Form von ***sài*** „sein" bei intransitiven Verben und ***ham*** „haben" bei transitiven Verben verwendet: ***i bi kema*** „ich kam, ich bin gekommen", ***i hǫb gsɛŋ*** „ich sah und ich habe gesehen". Dementsprechend wird auch die

Vorzeitigkeit (Plusquamperfekt) umschrieben: ***i hǫb des gsɛŋ kapt*** entspricht „ich hatte das gesehen", ***ea hǫd gloŋ kapt*** bedeutet „er hatte gelogen".

Generell kann man Verben mit ***doa*** „tun" + Infinitiv umschreiben. Im Konjunktiv ist diese Bildungsweise überaus häufig anzutreffen: ***i dàd sǫŋ*** „ich würde sagen" (wörtlich „ich täte sagen"). Das gilt etwa für ***doa*** „tun": ***ràmadàma*** heißt „räumen tuen wir" (etwa von „Schnee" oder irgendwelchem „Unrat" gesagt), und man kann die ganze Konjugation angeben: ***ràmaduri*** „ich räume" (mit Übergangskonsonant ***-r-*** in ***ràmadua i***), ***ràmaduast*** „du räumst", ***ràmaduada*** „er räumt", ***ràmadama/ràmaduama*** „wir räumen", ***ràmaduats*** „ihr räumt", ***ràmadans/ràmadeans*** „sie räumen".

10

Adverb

10.1. Der einfache Satz und das Adverb

Wenn wir vom Gerüst eines einfachen Satzes mit SUBJEKT – PRÄDIKAT – OBJEKT (***da sɛp siŋt a liadl*** „Sepp singt ein Lied") ausgehen, dann sind in **5.-9.** die wesentlichen Elemente genannt, die als SUBJEKT/OBJEKT (Substantiv, Adjektiv, Pronomen etc.) und PRÄDIKAT (Verbum) fungieren können. Diese Formen weisen Deklination und Konjugation auf. Über dieses Grundgerüst hinaus treten noch Formen auf, die verschiedene weitere Funktionen haben können, oft beziehen sie sich auf das „Verbum" und werden daher „Adverb" genannt: ***da sɛp siŋt des liadl še*** „Sepp singt das Lied schön". Das Adjektiv ***še*** „schön" (***hàid is še*** „heute ist es schön") wird unverändert als Adverb verwendet. Das Adverb (Umstandswort) kann auch ein anderes Adverb, ein Adjektiv oder einen ganzen Satz näher bestimmen: ***hàid siŋt da sɛp des liadl bsundas še*** „heute singt Sepp das Lied sehr schön".

In den folgenden Abschnitten werden Wörter behandelt, die weitgehend oder vollständig unveränderlich sind. Die Abgrenzung zwischen den Wortarten ist keineswegs immer klar und eindeutig. Bei von Adjektiven abgeleiteten Adverbien kommt Steigerung vor, die der adjektivischen Steigerung entspricht. Adverbien sind normalerweise unveränderlich. Eine der wichtigsten Funktionen der Adverbien besteht darin, dass sie Verben näher bestimmen: ***da hǫs laft šnɛi*** „der Hase läuft schnell". Von Adjektiven ohne Veränderung abgeleitete Adverbien können gesteigert werden: ***da hǫs laft šnɛla wia da igl*** „der Hase läuft schneller als der Igel". Zum Bereich des Adverbs kann man auch Partikeln rechnen, also Sprachelemente, die nicht für sich vorkommen, in der Redekette aber eine wichtige Funktion einnehmen.

10.2. Adjektivadverbien

Einige Adverbien sind rein äußerlich Adjektiva gleich. In ***des is a ags weda*** „das ist ein schlimmes Unwetter“ fungiert ***ag*** „arg“ eindeutig als Adjektiv, wie man an der Endung ***-s*** erkennen kann, ebenso liegt das Adjektiv vor in ***a aga wεdam*** „ein großer Schmerz“. Unverändert tritt ***ag*** als Adverb auf in ***duad s ag wε*** „schmerzt es sehr? tut es arg weh?“ und ***dea is ag graŋk*** „er ist sehr krank“. Bei diesen Beispielen kann man noch ahnen, dass ***ag*** „arg“ zunächst durchaus negative Konnotationen (etwa „schlecht, verwerflich“ o.ä.) hatte. In ***des duad me ag gfràin*** „das freut mich sehr“ („das tut mich arg freuen“) oder ***des hǫd me ag gfràid*** „das hat mich sehr gefreut“ wird durch ***ag*** dagegen ein hoher Grad im positiven Sinn ausgedrückt, ebenso in ***i hǫb di ag gean – di hǫw i ag gean*** „ich habe dich sehr gern – dich habe ich sehr gern“.

Nicht unähnlich ist die Bedeutungsentwicklung bei im Dialekt weniger gebräuchlichem ***sea*** „sehr“. Das Adjektiv *sehr* liegt noch in Bildungen wie *versehrt* vor und hat ursprünglich „schmerzlich, wund“ bedeutet. Auch ***nariš*** „närrisch, verrückt“ kann einen hohen Grad ausdrücken: ***des is nariš guad*** „das ist überaus gut“, ***des is nariš gsund*** „das ist überaus gesund“, ***des duad nariš wε*** „das verursacht sehr starke Schmerzen“, ***da nàie pfara is nariš gšàid*** „der neue Pfarrer ist überaus intelligent“.

Eine Bedeutungsentwicklung in negativem Sinn hat *sauber* erlebt: ***dǫ hǫst di awa sauwa dàišt*** „da hast du dich aber gründlich getäuscht“. Mit Sauberkeit hat ***sauwa*** auch in folgendem Satz nichts mehr direkt zu tun: ***dǫ hǫst fài sauwa in dreg nàiglaŋd*** „da hast du wirklich das Falsche gewählt (da bist du wirklich in den Schmutz hineingeraten)“. Das Adjektiv „gescheit“ kann als Adverb einen hohen Grad ausdrücken: ***sǫg gšàid*** „sag es, so wie es ist (ohne irgendeinen Unfug); der hohe Grad kann sich auf etwas Negatives beziehen: ***des is gšàid blεd*** „das ist wirklich dumm (gescheit blöd)“. Bei „ehrlich“ ist der Übergang zu „wirklich“ gut nachvollziehbar: ***hàid bin i eali miad*** „heute bin ich wirklich (ehrlich) müde“

Oft wird ***εht*** „echt“ als bekräftigendes Adverb verwendet: ***des is εht guad*** „das ist wirklich gut, echt gut“, ***des is εht wǫ*** „das ist wirklich wahr“, ***es sàids εht blεde hunt*** „ihr seid wirklich blöd (blöde Hunde)“, ***dǫ war i ɛht a blɛda hund*** „da habe ich mich wirklich dumm benommen (da war ich echt ein blöder Hund)“. Das Adverb ***ɛht*** „echt“ hat sich immer mehr verbreitet. In alter Zeit ist dieses Wort im Süddeutschen nicht belegt und auch gar nicht zu erwarten. ***ɛht*** ist aus dem Niederländischen übernommen. Der deutschen Gruppe *-ft-* entspricht im Niederländischen *-cht-*: Bei uns lautet die Verwandtschaftsbezeichnung urspünglich *Nift* (Entsprechung zum männlichen *Neffe*), aus dem Niederländischen ist die *Nichte* (mit *-cht-*) übernommen. Von der Lautform her ist ***ɛht*** als Lehnwort aus dem Bereich des Niederländischen erkennbar.

Manche Wörter machen den Eindruck regelrecht ererbt zu sein, sie lassen sich aber nicht leicht einordnen: ***dàmiš*** hat als Grundbedeutung etwa „betäubt“, daraus ist aber „dumm, töricht“ (***moanst i bin dàmiš*** „meinst du etwa, ich bin dumm“) entstanden, sogar als steigerndes Adverb kommt ***dàmiš*** vor (***hàid is dàmiš kǫid*** „heute ist es sehr kalt“). Zugehörigkeit zu althochdeutsch *toum* „Nebel, Dunst“ ist gut denkbar, man käme dann auf eine nicht gebräuchliche schriftsprachliche Form *täumisch*.

„Gleich“ in ***des siht da glàih*** „das sieht dir ähnlich, das ist von dir zu erwarten (und zu befürchten)“ verliert bei adverbiellem Gebrauch den Spirant im Auslaut: ***si is glài no bɛsa wia ea*** „sie ist sogar noch böser als er“, ***gɛst jɛts glài hea*** „kommst du jetzt bald hierher (Imperativ)“. Steigernde Funktion hat ***gǫ*** „gar“: ***des mǫg i gǫ ned*** „das habe ich ganz und gar nicht gerne“, ***bist du eba gǫ a leara*** „bist du vielleicht gar Lehrer“ (mit fragendem Unterton).

10.3. Weitere Adverbien

Zahlreiche Adverbien können nicht ohne weiteres von Adjektiven abgeleitet werden. Im Sinn von „eben, nun einmal“ wird ***hǫid*** gebraucht: ***des is hǫid so*** „das ist eben so“ (mit gewisser Resignation gesagt, man akzeptiert das Unvermeidbare und Unveränderbare), ***gɛ hǫid wàida*** „gehe doch weiter“, ***hǫit di hǫid stàd*** „bleib doch ruhig sitzen (halte dich ruhig)“. Mit dem Imperativ ***hǫit*** „halte“ (zu ***hǫitn*** „halten“, vgl. „einhalten, anhalten, behalten, unterhalten“) hat das Adverb ***hǫid*** ursprungsmäßig vermutlich direkt nichts zu tun, letztlich gehört das Adverb zu einem Adjektiv mit der Bedeutung „geneigt".

fài ist eine Form des Adjektivs ***fàin*** „fein", aber das Adverb ist formal klar verschieden, denn das auslautende *-n* fehlt immer: ***des mǫg i fài ned*** „das gefällt mir nicht, das missfällt mir sehr, da bin ich dagegen", ***dua ma fài niks sǫŋ*** „äußere dich bitte in dieser Angelegenheit nicht!" („tue mir fein nichts sagen!"), ***des hǫw i fài sɛiwa gmǫin*** „dieses (Bild) habe ich selbst gemalt" (mit gewissem Nachdruck und Stolz).

Eine in neuerer Zeit aufgekommene Form, um Bewunderung, freudiges Erstaunen und Überraschung auszudrücken, ist ***wau***: ***wau des is a hàfa gɛid*** „wow, dies ist wahrlich eine beträchtliche Summe Geld". Dieses Element wird oft *wow* geschrieben und ist als Übernahme aus dem Amerikanischen zu betrachten.

10.4. Ortsangaben

Das allgemeine Ortsadverb ist ***dǫ*** „da": ***dǫ ligt a štoa am bon*** „da liegt ein Stein auf dem Boden", ***dǫ is a mo foa da dia*** „da ist ein Mann an der Türe". In ***dǫ*** „da" sind letztlich zwei verschiedene Wörter zusammengefallen, die man vereinfachend als (örtliches) *dar* und (zeitliches) *da* unterscheiden kann. Bei der örtlichen Form ist *-r* abgefallen, aber doch im Wortinnern in Fällen wie *darüber darum* etc. erkennbar. In ***dǫ*** sind die beiden praktisch untrennbar. Eine *Verstärkung* wird durch Verdopplung erzielt: ***dǫda*** „hier da" ***wo isn mài bruin dǫ wo dǫda aufm diš*** „wo ist meine Brille? Hier. Wo? Da hier auf dem Tisch (liegt sie)". Als kausale Konjunktion ist ***dǫ*** „da" ist eher selten, dafür werden ***wài*** „weil", ***deshǫib, dawài*** „deshalb" verwendet.

Besondere Aufmerksamkeit erfordern die Adverbien, die mit Richtungen zu tun haben. Richtungen werden allgemein mit *hin/her* angegeben. Bei dem Gegensatzpaar ist der Sprecher der Bezugspunkt: ***hea*** gibt die Richtung zum Sprecher an (***kum hea tsu mia*** „komm her zu mir!"), ***hi*** weist vom Sprecher weg: ***ea gɛt hi*** „er geht dorthin" (auch zu einer Person), ***si kimt hea*** „sie kommt hierher", ***gɛ hi tsua oma*** „geh zur Oma hin!", ***wo kimstn du hea*** „wo kommst denn du her?", ***wo gɛstn du hi*** „wo gehst denn du hin?“ ***hi*** kann auch die Bedeutung „kaputt“ annehmen: ***des auto is hi*** „dieses Auto ist kaputt“. ***hea*** „her“ gibt die Richtung an, aus der man kommt, dabei gibt es eine Bedeutungsbreite: ***wo kimst n du hea*** „woher kommst du denn?“ ***s weda šaugd ned guad hea*** „das Wetter sieht nicht gut aus“, ***bǫi se da sɛp wǫs àibuit des last a nima hea*** „wenn sich Sepp einmal etwas in den Kopf gesetzt hat, dann lässt er davon nicht mehr ab“, ***tswoa štund hama heagwat dan sàma gaŋa*** „zwei Stunden lang haben wir gewartet, dann sind wir gegangen“.

Ortsadverbien des Typs *hin-ab/her-ab* haben im ***M.*** durchweg die Präposition an erster Stelle gefolgt von der Angabe der Richtung, ***gɛ*** „gehe!“ deutet dabei oft ein „Weggehen“ an, ***kema*** demgegenüber bezeichnet oft die Richtung auf den Sprecher hin: ***ǫwe*** „hinab (wörtlich ab hin), hinunter“ (***gɛ ǫwe in kela*** „gehe in den Keller hinunter!“), ***ǫwa*** „herab (wörtlich ab her), herunter“ (***kim ǫwa in kela*** „komm herunter in den Keller!“), ***àine*** „hinein (wörtlich ein hin)“ (***gɛ àine ins haus*** „gehe in das Haus hinein!“), ***àina*** „herein (wörtlich ein her)“ (***kim àina ind štum*** „komme herein in das Zimmer!“); ***ause*** „hinaus“ und ***ausa*** „heraus“, aber ***hinaus*** und ***heraus*** werden auch oft verwendet; ***aufe*** „hinauf“ und ***aufa*** „herauf“, ***ume*** „hinum“ und ***uma*** „herum“ (werden durch ***num/rum*** ersetzt), ***fiare*** „nach vorn“ (***dwàdl fiare rihtn*** „zurechtweisen“, wörtlich „die Waden nach vorne richten“) und ***fiara*** „hervor“ (***kim fiara aus dàim faštek*** „komm heraus aus deinem Versteck“).

Wenn ***hi/hea*** „hin/her“ dagegen den Präpositionen ***aus*** und ***auf*** vorausgeht, finden wir ***n/r***: ***naus*** „hinaus“ bezeichnet die Richtung von einem Raum ins Freie: ***i gɛ naus in wǫid*** „ich gehe in den Wald hinaus“, und dementsprechend bedeutet ***raus*** „heraus“: ***auf dàife kum raus*** „(wörtlich) auf Teufel komm heraus“ (= mit großer Anstrengung), ***ea wui des auf dàife kum raus ferti maha*** „er will das um alles in der Welt abschließen“. Entsprechend sind ***nauf*** „hinauf“ und ***rauf*** „herauf“: ***mia štàiŋ an beag nauf*** „wir steigen auf den Berg hinauf“, ***kum rauf tsu mia im špàiha*** „komme herauf zu mir im Speicher“. Ein hoher Grad kann folgendermaßen bezeichnet werden: ***de ham amselig glɛbt bis doathinaus*** „diese (Leute) haben armselig gelebt, man kann sich das Ausmaß kaum vorstellen“.

Zusammen mit ***da-*** werden ***dahi*** „dahin“ und ***dahea*** „daher“ verwendet: ***wia kimst den du dahea*** „wie kommst denn du daher?“ kann örtlich gemeint sein („auf welchem Weg bist du hierher gekommen?), meist ist die Folge aber tadelnd über die garderobemäßige Ausstattung einer Person gemeint. Die Wendung ***jɛts gɛts dahi*** bezeichnet eine gewisse Endgültigkeit: ***jɛts gɛts dahi*** sagt man etwa, wenn der Zug anfährt und sich der richtigen Reisegeschwindigkeit nähert, so dass man damit rechnet, ordnungsgemäß zum Ziel zu kommen. Die Wendung kann aber auch gebraucht werden, wenn eine Person auf dem Sterbebett liegt: ***jɛts gɛts dahi midm fata*** heißt dann, dass mit einer Besserung bei dem schwer kranken Vater nicht mehr zu rechnen ist. ***dahi*** „dahin“ wird oft getrennt: ***dǫ gɛ i ned hi*** „da gehe ich nicht hin, dorthin gehe ich nicht“. Die beiden Adverbien ***hi*** und ***hea*** können zu einem Wort vereint werden: ***a hinundhea*** bezeichnet einen Wortwechsel, der zu keinem eindeutigen Ziel führt: ***des is a ewiks hinundhea*** „das ist eine nicht enden wollende Debatte“. Auf ***da-*** können Präpositionen folgen: ***dǫ ko i niks datsua sǫŋ*** „dazu kann ich nichts sagen“ (bestimmt sagt man nicht: „da kann ich nichts sagen zu“), ***dǫ hama gǫ niks dafo*** „da haben wir gar nichts davon, das bringt uns keinerlei Vorteil“.

Schriftsprachliches „wohin“, „woher“, „womit“ und „wofür“ werden normalerweise geteilt: ***wo wuist n du hi*** „wohin willst denn du?“ ***fia wǫs braukst n des*** „wofür brauchst du denn dies?“ ***i brauh wǫs wo ma den fleg damid wegmaha ko*** „ich brauche etwas, womit man diesen Fleck entfernen kann“. Alleinstehend drückt ***wohea*** meist eine Ablehnung aus und wird oft mit ***ah*** kombiniert: ***hǫdas gšaft ah wohea*** „hat er es geschafft (z.B. das Examen)? Keinesfalls (ach, wie sollte er denn?)“ Die gleiche Funktion kann ***awo*** haben: ***gɛts am sɛp jɛts besa awo*** „geht es (dem offensichtlich kranken) Sepp jetzt besser? Keineswegs!“

Auch bei ***nah*** „nach“ werden ***hi/hea*** nachgestellt: ***làf eam nahe*** „laufe ihm nach“, ***naha hǫd a gsǫgt*** „danach hat er gesagt“; ***naha*** (auch ***nahad***) wird oft in allgemein fragendem Sinn verwendet: ***wiafui kost des naha*** „wie viel soll das dann kosten?“

An stelle von „herzu“ und „hinzu“ ist ebenfalls Nachstellung der Adverbien gebräuchlich: ***kim tsuawa*** „komme herzu (zu + her)“, ***gɛ tsuare*** „geh hinzu (zu + hin)“. Die Präposition ***tsua*** „zu“

kann adverbielle Bedeutung annehmen: ***gɛ tsua des glàbd da do koa menš*** „ach nun (wörtlich geh weiter), das glaubt dir doch kein Mensch". Auch als Adjektiv kann ***tsua*** erscheinen: ***de tsuan fensta*** „die geschlossenen Fenster".

10.5. Zeitangaben

Während ***moiŋ*** „morgen" (***i kum moiŋ*** „ich komme morgen") zum Substantiv ***moiŋ*** „*Morgen*" gehört, sind einige weitere Zeitangaben nicht mehr unmittelbar durchsichtig. In ***hàid*** „heute" und ***hàia*** „dieses Jahr" steckt ein Demonstrativum mit der Bedeutung „dies": ***hàid*** weist auf eine Vorform *hiutagu* „an diesem Tag" zurück, demensprechend kommt ***hàia*** von *hiu jaru* „in diesem Jahr". Weniger gebräuchlich für „heute" ist ***hàint***, dessen zweiter Bestandteil das Wort für „Nacht" ist, ***hàint*** hat ursprünglich „in dieser Nacht" bedeutet. Nicht weiter analysierbar ist ***gestan*** „gestern", daneben gibt es auch ***gesting***. Das Adverb ***oft*** „häufig" kommt auch als Adjektiv vor: ***des ofte graŋksài bedàit niks guads*** „das häufige Kranksein bedeutet nichts Gutes". In ***nomǫi*** „noch einmal" und ***amǫi*** ist der Zweitbestandteil *mal*. In ***ǫiwài*** „immer" ***dawài*** „inzwischen" ist der Zweitbestandteil als *Weile* erkennbar. Die zeitliche Bestimmung ***jɛtsa jɛtsad*** „jetzt" geht zurückauf mittelhochdeutsch *je-zuo*. ***sofui*** „so viel" kann in adverbieller Funktion einen hohen Grad ausdrücken: ***dea bua is sofui dum*** „dieser Knabe in hohem Ausmaß dumm". Die Negation ***ned fui*** (wörtlich „nicht viel") kann (in ironischem Gebrauch) ebenfalls einen hohen Grad ausdrücken: ***hàid wà s ned fui kǫid*** „heute ist es sehr kalt" (wörtlich „heute wäre es nicht viel kalt"). ***du gštɛist di ja ned fui blɛd o*** „du unternimmst die Sache sehr ungeschickt" (wörtlich „du stellst dich nicht viel blöd an"). In ***kimst làiht moiŋ*** „kannst du vielleicht morgen kommen?" ist das Adverb *vielleicht* verkürzt; ***làiht*** fungiert als Adverb.

10.6. Verneinung

Das so häufige „ne!" („nö!") für „nein" klingt in bairischen Ohren unangenehm. Viel eher entspricht ***nà*** mit deutlich langgezogenem ***à*** der intendierten Ablehnung. Ebenso kann man sagen:

awo (vermutlich etwa „ach, wo (kämen wir da hin?)“: ***hǫd a s eksamn bštandn awo*** „hat er das Examen bestanden? Nein, keineswegs.“

Doppelte und mehrfache Verneinung ist möglich und wird auch häufig gebraucht: ***i hǫb no nia ned wǫs gsǫgt datsua*** oder ***i hǫb no nia ned niks gsǫgt datsua*** „ich habe dazu noch nie etwas gesagt“; ***do deaf ma mid gloane kinda ned nài*** oder ***do deaf ma mid koane gloana kinda ned nài*** „da darf man mit kleinen Kindern nicht hinein“; ***niks gwis woas ma ned*** „etwas Sicheres kann man nicht sagen“ (***niks*** „nichts“ ist als Genitiv von *nicht* aufzufassen). Die Form ***ned*** (***des is ned so*** „so ist das nicht“) ist die abgeschwächte Entsprechung zu *nicht*; ***ned*** „nicht“ geht auf althochdeutsch *ni-io-wiht* (wörtlich „nicht irgendetwas“) zurück. Neben ***ned*** gibt es die verstärkte Form ***neda*** (vermutlich „nicht auch“). Häufig ist der Einschub ***nedwa/newa*** im Sinn von (fragendem) „nicht wahr“. Die theoretische Regel, dass sich doppelte Verneinung „aufhebt“ und Bejahung ausdrückt, gilt im Dialekt nicht. Mehrfache Verneinung wirkt im Gegenteil eher nachdrücklich.

10.7. Häufung von Adverbien

Die verschiedensten sprachlichen Elemente können in adverbieller Funktion auftreten. Eine Sammlung von Adverbien in teilweise für das Bairische typischer Anhäufung gibt Zehetner (2019). Überwältigt von der Schönheit des herrlichen Rundblicks kann ein Bergsteiger, der den Gipfel erreicht hat, voller Begeisterung äußern: ***dǫ herom is fài šo a so še à*** „hier heroben ist es wirklich wunderbar (... ist es fei schon ein so schön auch“).

11
Präpositionen und Präfixe

11.1. Gebrauch von Präpositionen

Präpositionen, auch Verhältniswörter genannt, können einem Substantiv vorausgehen und zeitliche oder räumliche Verhältnisse angeben: ***foa ɛife*** „vor 11 (Uhr)", ***foa m haus*** „vor dem Haus", ***an da bruk*** „an der Brücke" etc. Präpositionen können mit Substantiven Verbindungen eingehen: ***foahaŋ*** „Vorhang", ***anbau*** „Anbau" etc. Auch bei Verben können Präpositionen in adverbieller Funktion auftreten: ***d ua gɛd foa*** „die Uhr geht vor", ***mia baun o*** „wir bauen an" etc. Der Übergang von der Präposition zum Präfix ist fließend, die Grenze ist keineswegs immer klar definierbar. Die Präposition ***an*** (***an da hand*** „an der Hand") kommt auch als Erstelement vor: ***antsug*** „Anzug", ***anfaŋ*** „Anfang", ***ansiht*** „Ansicht". Die entsprechenden Verben verlieren den Nasal und weisen anlautendes ***o-*** auf: ***otsiaŋ*** „anziehen", ***ofaŋa*** „anfangen", ***ošauŋ*** „anschauen".

Bei den Substantiven kann zumindest teilweise die schriftsprachliche Form eingetreten sein: *Anzug, Anfang* etc. Dagegen erscheint erwartungsgemäß ***o-*** in ***da ogeba*** „der Angeber" (***ogem*** „angeben, prahlen"). Auch ***ošprah*** hat den Anlaut ***o-***, während ***anšprah*** (oder ***anšprahe***) nach dem eher seltenem Substantiv *Ansprache* (das Verb *sprechen* ist im Dialekt kaum gebräuchlich) ausgerichtet ist; mit ***de had koa ošprah ned*** weist man auf eine meist ältere Person hin, die allein lebt und wenig Möglichkeiten zur Unterhaltung („Ansprache") hat („sie hat keine Ansprache").

Bei ***an*** ist zu bemerken, dass es sich um ein trennbares Präfix handelt, ***otsiaŋ*** *„anziehen"* wird konjugiert als ***i tsiag o*** *„ich ziehe an"*: ***an*** hat im Auslaut den Nasal verloren, dann wurde die Form ***o*** auch im Infinitiv eingeführt, während bei Substantiven des Typs ***antsug*** der inlautende Nasal erhalten bleibt. In *betreiben* liegt ein untrennbares Präfix *be-* vor, das letztlich mit der Präposition *bei* verwandt ist. Das (negierende) Präfix *un-* (*unentwegt* etc.) hat keine entsprechend Präposition neben sich.

In Bezug auf die Möglichkeit, das Präfix vom Verb abzutrennen, gilt die Regel: Unbetonte Präfixe können nicht abgetrennt werden (*übersetzen – ich übersetze vom Deutschen ins Englische, ich habe übersetzt*), dagegen haben betonte Präfixe Eigenständigkeit (*übersetzen – ich setze mit dem Kahn über den Fluss*): Neben Infinitiv ***otsiaŋ*** „anziehen" finden wir ***ea tsiagt se o*** „er zieht sich an". Untrennbare Präfixe wie ***b-*** (aus ***be-***) sind unbetont (***bštɛin*** „bestellen": ***si bštɛid se a wasa*** „sie bestellt sich ein Wasser"), ***bhǫitn*** [pf-] „behalten", ***bsoaŋ*** „besorgen"; ***bmeaka*** „bemerken" klingt hochtrabend, man gebraucht eher ***sǫŋ***, ebenso sagt man statt ***btrahtn*** eher ***ošauŋ*** „anschauen".

Aus dem umfangreichen Reservoir von Präpositionen und Präfixen des ***M.*** wird eine kleine Auswahl vorgestellt, bei der sich Unterschiede zur Schriftsprache zeigen. Einsilbige Präpositionen unterliegen der Dehnung, daher ist im Normalfall von gelängtem Vokal und folgendem lenis Konsonanten auszugehen: ***an*** „an", ***bis*** „bis", ***mid*** „mit" etc. Freilich werden die Vokale in der Redekette meist gekürzt. Für ***o*** sind die Bedeutungen *an* und *ab* nicht immer zuverlässig unterscheidbar: ***ma muas as liaht oštɛiln*** kann „abstellen, ausmachen" oder „anstellen" sein. Bei der speziellen Käsezubereitung ***obàtsta*** (aus Camembert, Butter, Zwiebeln und weiteren Zutaten hergestellt) ist das Grundelement ***bàts*** „weiche Masse", das abgeleitete Verb ***bàtsn*** bedeutet „mit weicher Masse hantieren", freilich ist nicht unmittelbar klar, ob ***obàtsta*** eine Zusammensetzung mit „*an-*" oder „*ab-*" darstellt, denn sowohl ein *Angebatzter* als auch ein *Abgebatzter* ist eine sinnvolle Bezeichnung.

Wo in der Schriftsprache *zu* erscheint, heißt es im ***M.*** meist ***tsua***. In ***tsuamaha*** „abschließen, zumachen" ist ***tsua*** vom Verb abtrennbar: ***mah dia tsua*** „schließe die Türe", ***des gšɛft maht bǫid tsua*** „dieses Geschäft schließt in Bälde", ***smuseum is am mondǫg tsua*** „das Museum ist montags geschlossen". Wörtlich heißt ***gɛ tsua*** „geh weiter!“, die Floskel beinhaltet aber meist die Bitte und Aufforderung um einlenkende Zustimmung. Als Adverb fungiert ***tsua*** in ***mah nea so tsua dan sigst šo wǫs basiad*** „mache nur so weiter, dann siehst du schon, was dabei herauskommt!“ (Warnung über negative Folgen, wenn nicht Besserung eintritt). Von einer Vorform *ze* kommt ***ts-*** in Fällen wie ***tsštraubiŋ*** „in Straubing (zu ...)“, ***tslaŋ*** „zu lang“, ***tseašt*** „zuerst“. Dabei können fast beliebig komplizierte Konsonantengruppen entstehen: ***tsgšlekat*** „zu wählerisch, zu anspruchsvoll, zu geschleckig“, ***tsgšlampad*** „zu schlampig, zu ungeordnet“. Statt *zu Hause* oder *nach Hause* sagt man ***dahoam*** und ***hoam***: ***bài uns dahoam*** „bei uns zu Hause“, ***dǫ is neamds dahoam*** „da ist niemand zu Hause“, ***jɛts geŋa ma hoam*** „jetzt gehen wir nach Hause“.

11.2. Einige Präpositionen und Präfixe

Im ***M.*** geht man ***in d šui*** (nicht „zur Schule“ oder gar „auf die Schule“), ***in d arwad*** (und nicht „zur Arbeit“ oder gar „auf die Arbeit“), ***ins bet*** (und nicht „zu Bett“), und man kommt ***auf d wɛit*** (und nicht „zur Welt“). Bei Zeitangaben sind ***auf ostan*** „an oder zu Ostern“ und ***auf wàinahtn*** „an oder zu Weihnachten“ zu beachten, ferner heißt es ***um ɛife auf dnaht*** „um 23 Uhr“. In der Bedeutung „nach“ (mit örtlichem Ziel) kommt ***auf*** vor: ***auf dahau fan*** „nach Dachau fahren“. Man beachte auch ***aufbàsn*** „acht geben, aufpassen“ (***i bàs šo auf*** „ich bin schon vorsichtig“).

An Stelle von *vor* und *für* kommt ***fia*** vor: ***des kimd ma a so fia*** „das erscheint mir auch so, da bin ich auch dieser Meinung“ (der auslautende Konsonant in ***kimd*** wird eher als ***-b*** in ***kimb ma*** gesprochen). ***foa*** und ***fia*** sind nahe verwandt, ***fia*** geht auf althochdeutsch *furi* zurück und weist *i*-Umlaut auf, ***foa*** kommt von *fora*. Die Unterscheidung von *für* und *vor* ist erst eine neuere Erscheinung, *für* mit Akkusativ, *vor* mit Dativ, die aber nicht scharf eingehalten wird. Adverbiell ist ***gɛ fiari*** „gehe nach vorn“ („für hin“). Von ***foa*** „vor“ ist das Adjektiv ***forig*** in ***forigs jǫa*** „letztes Jahr“ abgeleitet.

Die Präposition ***bài*** „bei“ weist Besonderheiten auf: ***ea kimd grǫd bài da dia rài*** „er kommt eben durch die (oder: zur) Tür herein“, ***bàim fensta naus šauŋ*** „zum Fenster hinausschauen“.

Das unbetonte Präfix ***ge-*** verliert den Vokal und wird möglichst an den folgenden Laut assimiliert:
gduild „Geduld“, ***gbiag*** „Gebirge“, ***gbuat*** „Geburt“, ***gài*** „Gau“ (< *ge-äu*), ***griht*** „Gericht“, ***gmiš*** „Gemisch“, ***glump*** „wertloses Zeug“, ***gsaŋ*** „Gesang“, ***gwiht*** „Gewicht“, ***gfǫa*** „Gefahr“. Das Präfix fehlt bei ***brauh*** „Brauchtum, Gebrauch“, ***droad*** „Getreide“. Beim Partizip ist das Präfix *ge-* an den Anlaut des Verbs assimiliert: ***bɛt*** „gebetet“, ***brauht*** „gebraucht“, ***deŋkt*** „gedacht“, ***drukt*** „gedrückt, gedruckt“, ***gem*** „gegeben“, ***glopft*** „geklopft“, ***graht*** „gekracht“, ***gratst*** „gekratzt“, ***bakt*** „gepackt“, ***pfifa*** „gepfiffen“, ***drest*** „getröstet“, ***draut*** „getraut“.

Bei Verben mit anlautendem *h-* wird *g-* des Präfixes *ge-* stimmlos: ***kapt*** „gehabt“, ***kom*** „gehoben“, ***kǫitn“*** „gehalten, ***koifa*** „geholfen“. Die Form ***geboan*** „geboren“ ist vielleicht aus der Schriftsprache übernommen, man würde ***boan*** erwarten, meist sagt man ***auf d wɛit kuma*** „auf die Welt gekommen“. Bei „freuen“ ist ***g-*** geläufig: ***i gfrài mi*** „ich freue mich“ (und ***i hǫb mi gfràid*** „ich habe mich gefreut“).

tsam- „zusammen“ ist betont und trennbar in ***tsamkuma*** „zusammenkommen, sich treffen“:
mia kuma am sontag tsam „wir treffen uns am Sonntag“; ***tsambiaštln*** „heftig ausschimpfen“, ***tsamšimpfa*** „heftig tadeln“ (***warum šimpfst mi den gǫ so tsam*** „warum schimpfst du mich gar so heftig?“), ***tsamesn*** „alles aufessen“; ***tsamfǫin*** „hinfällig werden“ (***d oma is fài gants še tsamgfǫin*** „Oma ist ziemlich gebrechlich, auch schmächtig geworden“, ***sàid ostan fǫid d oma tsam*** „seit Ostern wird Oma zusehends gebrechlich“); ***tsamge*** „ankommen (auf)“ (***auf des gɛts a nima tsam*** „dies macht auch keinen Unterschied mehr“), auch ***tsamge*** „passieren, vonstatten gehen“ (***gɛd den hàid gǫ niks tsam?*** „geht heute nichts, kommt denn heute gar keine Stimmung auf?“). Als Präposition ist häufig ***tsamt*** zu hören: ***tsamt de kinda*** „zusammen mit den Kindern“. ***ǫis tsam*** „alles zusammen“, d.h. ohne irgendeine Aufteilung oder Spezifizierung, ***des is doh koa tsamaštand*** bezeichnet einen unharmonischen Haushalt („das ist doch kein Zusammenstand“).

Für *ver-* finden wir ***fa-***:
fagesn „vergessen", ***fagem*** „vergeben", ***falafa*** „verlaufen" (***i hǫb mi falafa*** „ich habe mich verirrt, verlaufen"), ***fatsɛin*** „sich verzählen, falsch zählen", aber auch ***fatsɛin*** „erzählen" (***fatsɛi ma niks*** „erzähl mir nichts, ich glaube es doch nicht!").

hea „her-":
heasǫŋ „aufsagen", aber auch ***tswoa štund hama heagwat dan sama gaŋa*** „zwei Stunden lang haben wir gewartet, dann sind wir gegangen".

unta hat ebenso wie in der Schriftsprache zwei ganz verschiedene Funktionen: „unterhalb, darunter" (***untam dǫh*** „unter dem Dach") und „zwischen". Die Bedeutung „zwischen" ist relativ häufig im ***M.*** mit dem Übergang zu „während". ***unta wegs*** „unterwegs", aber auch ***untam jǫa*** „im Verlauf des Jahres", ***unta da woh*** „während der Woche" (außer an Sonn- und Feiertagen")

hi- „hin-" ist betont und wird dementsprechend abgetrennt:
hiflaka „sich hinlegen" (***i flak me jɛts hi*** „ich lege mich jetzt hin"), ***hige*** „hingehen" (***i gɛ hi*** „ich gehe hin"); ***higlaŋa*** „hinlangen, berühren" (***dea glaŋt hi*** „er packt wirklich an"), ***hihaun*** „hinhauen" (***i hau mi hi*** „ich lege mich hin"), ***hišauŋ*** „hinschauen" (***dǫ šaug hi*** „da schau hin!), ***hisitsn*** „sich setzen" (***i sits me hi*** „ich nehme Platz"), ***hisetsn*** „hinsetzen"; alleinstehend hat ***hi*** die Bedeutung „kaputt": ***da ofa is hi*** „der Ofen ist kaputt".

Dem Präfix *an-* entspricht im ***M. o***:
okema – i kim o „ich komme an", ***obleamen – fo dia las i mi no laŋ ned obleamen*** „von dir lasse ich mich noch lange nicht verspotten" (sozusagen „anblumen", „veräppeln"), ***odran*** „jemanden zu einem Kauf überreden, den die Person vielleicht gar nicht will" – ***dea drat oam ois o*** „der überredet einen zu jedem Kauf". Das Verb ***oham*** „Kleidung tragen" („an haben") hat eine übertragene Bedeutung in folgender Wendung: ***dea ko ma niks mea oham*** „er kann mir keinen Schaden mehr zufügen". In erster Linie bedeutet ***otsapfa*** „anzapfen" bei Fässern (***otsapft is*** „es ist angezapft" ist das Zeichen, dass ein Volksfest offiziell eröffnet ist) kann auch im übertragenen Sinn von „Geld zu leihen nehmen"

verwendet werden: ***da sɛp hǫds den tsapf i o*** „Sepp hat es (Geld), an den wende ich mich (den zapfe ich an)".

Für „daran-„ findet sich ***dro-***:
dǫ muas i drodeŋka – i deŋk šo dro „daran muss ich denken – ich denke schon daran"; ***aufmàndln*** „sich groß aufspielen" – ***dua de fài ned aufmàndln*** „sei ja nicht zu überheblich" – ***ea màndlt se awa auf*** „er bildet sich aber sehr viel ein"; ***heawatn*** „längere Zeit warten" (mit mehr oder minder starkem Vorwurf): ***jɛts wat i šo tswoa štund hea*** „jetzt warte ich schon seit zwei Stunden", ***tswoa štund hama jɛts heagwat*** „zwei Stunden haben wir jetzt gewartet".

11.3. Das Präfix *da-*

Das stets unbetonte und untrennbare Präfix ***da-*** (verschriftet als *der-*) bringt bei Verben zum Ausdruck, dass die Handlung zu einem Ergebnis kommt. Beispiel: Bei der Verhandlung eines Auffahrunfalls fragt der Richter den Unfallverursacher: ***ham s den ned bremst*** „haben Sie denn nicht gebremst?" Die Antwort lautet: ***bremst hǫw i šo awa dabremst hǫw i s nima*** „gebremst habe ich schon, aber ich habe nicht mehr rechtzeitig zum Stillstand kommen können". Bei ***dabremsn*** kommt zum Ausdruck, dass der Vorgang des „Bremsens" (noch) rechtzeitig abgeschlossen werden kann: ***i hǫb s grǫd no dabremst*** „ich habe es gerade noch geschafft (rechtzeitig) anzuhalten". Entsprechend kann man etwa ***dašnaufa*** auffassen als „durch das Atmen das Ziel einer Handlung erreichen": ***des dašnauf i nima*** heißt „da reicht mir der Atem nicht mehr (z.B. um auf einen hohen Turm zu steigen". Lebensweisheit: ***wost da dahàiratst braukst da ned daawadn*** „was du durch Heirat erwirbst, musst du dir nicht erarbeiten". In vielen Fällen entsprechen dem Präfix ***da-*** schriftsprachliche Formen mit *er-*, *ver-*, *zer-*. (***dawatn*** „erwarten"). Eine Umsetzung von ***da-*** in die Schriftsprache ergäbe *der-* (*derbremsen, derschnaufen* etc.). Verben mit dem Präfix ***da-*** sind oft in verneinten Aussagen anzutreffen. Eine umfassende Sammlung von Beispielen bietet Zehetner (2018), hier werden nur einige Fälle ausgewählt und mit kurzen Sätzen illustriert.

des ko i ned ǫis daesn „ich schaffe es nicht, dies alles zu essen" (***esn*** „essen"), ***den beag dašiam ma nima*** „wir schaffen es nicht mehr, auf den Berg hinauf zu schieben" (***šiam*** „schieben"), ***ea hǫd se darend*** „er ist tödlich verunglückt" (***rena*** „rennen"), ***ea is im sɛ dasufa*** „er ist im See ertrunken" (***sàfa*** „saufen, trinken"), ***des dabak ma nima*** „das schaffen wir nicht mehr" (***baka*** „packen"), ***ea wa haudi bainand awa ea hǫd se wida dafaŋd*** „er war gesundlich in sehr schlechtem Zustand, hat sich aber wieder erholt" (***faŋa*** „fangen"), ***des tsima ko ma kàm dahoatsn*** „dieses Zimmer kann man kaum richtig warm kriegen" (***hoatsn*** „heizen"), ***des konst ned dabɛtn*** „das kannst du nicht durch Beten herbeiführen", ***des dabɛt d oma nima dàs da bua duahkumd*** „das kann die Oma auch nicht mehr durch Beten erreichen, dass der Enkel das Klassenziel erreicht" (***bɛtn*** „beten"), ***daluast den fogl dadrim*** „kannst du den Vogel dadrüben erkennen?" (***luan*** „spähen, schauen"), ***des kema ned datsǫin*** „(die Preise sind so hoch,) das können wir nicht bezahlen" (***tsǫin*** „zahlen"), ***des ko ma ned datsɛin*** „da gibt es so unendlich viel zu zählen, dass man nicht fertig wird, zu keinem Ende kommt", ***des kon a ned datsɛin*** „(Onkel Dagobert hat soviel Geld), das kann er nicht mehr wirklich zählen" würde man wohl sagen, wenn man von Onkel Dagoberts riesigemVermögen redet (***tsɛin*** „zählen, erzählen"); ***datsɛin*** sozusagen „bis zum Ende zählen" ist deutlich verschieden von ***datsǫin*** „vollständig bezahlen" (***des is so dàia des ko ma ned datsǫin*** „das ist so teuer, das kann man nicht wirklich bezahlen"), ***den huad hats dadɛtšt*** „der Hut is zusammengedrückt worden" (***dɛtšn*** „erdrücken"), ***dea last se niks dasǫŋ*** „er lässt sich nichts sagen", ganz gleich wie nachdrücklich man auf ihn einredet, er nimmt keine Ratschläge an (***sǫŋ*** „sagen"), ***den hǫds dabrɛsld*** „der ist gescheitert" (zu ***bresl*** „kleiner Brosamen", ***bresln*** „zerfallen"), ***des daràdld i nima*** „ich schaffe es nicht mehr, mit dem Rad hier zu fahren, vermutlich geht es zu steil aufwärts" (***ràdln*** „Fahrrad fahren"), ***des dagràinma nima*** (***des dagràima nima***) „das schaffen wir nicht mehr mit den Krallen zu packen" (***gràin*** „krallen"), ***den damǫi i ned*** „diesen schaffe ich nicht malerisch darzustellen", es kann sich um einen Kopf, einen Menschen oder einen Turm handeln, der gemalt werden soll (***mǫin*** „malen"), ***dadua di fài ned*** „strenge dich nicht über alle Maßen an!“ ist der oft ironisch gemeinte Hinweis, dass man sich bei der Arbeit nicht übernehmen soll; Reaktion kann lauten: ***dea daduad se šo ned*** „der strengt sich schon nicht übermäßig an“ (***doa*** „tun“).

12

Konjunktionen

12.1. Funktionen

Konjunktionen (Bindewörter) können einzelne Wörter (***fata und muata*** *„Vater* und *Mutter“*) ebenso wie Haupt- und Nebensätze verbinden. Vereinfacht kann man sagen: Ein Hauptsatz steht für sich allein (***da bɛda lisd tsàiduŋ*** *„Peter liest die Zeitung.“*), ein mit einer Konjunktion (z. B. ***wài*** „weil“) eingeleiteter Nebensatz stellt in irgendeiner Weise eine Ergänzung zum übergeordneten Hauptsatz dar (***mia blàim dahoam wài s reŋd*** *„wir bleiben daheim,* weil *es regnet.“*). In Hauptsätzen steht das Verb an der zweiten Stelle (***da bɛda lisd*** *„Peter* liest *...“*), in Nebensätzen steht dagegen das Verb am Ende (***wài s reŋd*** *„... weil es* regnet“). Man kann drei Grundtypen von Nebensätzen unterscheiden:

- Adverbialsätze werden mit Konjunktionen des Typs *weil, obwohl, damit* etc. eingeleitet: *er kommt zu spät,* weil *er verschlafen hat*
- Relativsätze ergänzen ein Substantiv: *der Mann,* den *du getroffen hast*
- *dass*-Sätze bringen eine Ergänzung zum Prädikat: *er hofft,* dass *sie kommt*

Der Gebrauch von Haupt- und Nebensätzen im ***M.*** folgt im Wesentlichen den Regeln der Schriftsprache. Im Folgenden geht es um einige Besonderheiten. Allgemein kann bemerkt werden, dass in der täglichen Rede beigeordnete Hauptsätze häufiger erscheinen als unterordnende Nebensätze.

12.2. Die Konjunktion *dàs* „dass"

Ihrem Ursprung nach ist die Konjunktion ***dàs*** *„dass"* (früher geschrieben *„daß"*) identisch mit dem Artikel *das*, der seinerseits auch als Relativpronomen fungieren kann. Aber die Konjunktion *dass* wird in der Schreibung von *das* unterschieden, auch wenn gelegentlich Versehen unterlaufen. Im ***M.*** ist die Unterscheidung eindeutig.

In ***i sig des šo*** „ich erkenne *das* schon (z.B. das Haus)" handelt es sich eindeutig um das Demonstrativum *das*. Dagegen liegt in folgenden Sätzen die Konjunktion *dass* vor: ***i sig dàs a dahoam is*** „ich sehe, *dass* er daheim ist"; ***ea sǫgd dàs a s ned kend*** „er sagt, *dass* er sie nicht kennt oder *dass* er es nicht kennt", ***ea sǫgd dàs a s ned woas*** „er sagt, *dass* er es nicht weiß", ***šràib das auf dàst as ned fagist*** „schreibe es dir auf, *dass* (= damit) du es nicht vergisst", ***šràibts es àih auf dàsts es ned fagests*** „schreibt es euch auf, *dass* (= damit) ihr es nicht vergesst", ***woast du wiafui dàs des kost*** „weiß du, wie viel dies kostet? (wie viel *dass* ...)", ***frǫgs wia laŋ dàs (s) no blàim wui*** „frag sie, wie lang *dass* sie noch bleiben will", ***i faštɛ ned warum dàs (s) šo wida kimt*** „ich verstehe nicht, warum (*dass*) sie schon wieder kommt", ***i faštɛ ned dàsts ǫiwài no dǫ sàids*** „ich verstehe nicht, dass ihr immer noch da seid".

Bei der Konjunktion ***dàs*** *„dass"* wird der Vokal ***a*** deutlich artikuliert, dagegen ist das Demonstrativum und Relativum jeweils ***des*** (oder gar weiter abgeschwächt zu ***s***): ***des is so dàs ma se frǫgd*** (auch ***s is so dàs ma se frǫgd***) „das (es) ist so, dass man sich die Frage stellt ...", ***i woas dàs des kind des wo higfǫin is s màdl fom nahban is*** „ich weiß, dass das Kind, das hingefallen ist, die Tochter (das Mädchen) des Nachbarn ist".

Die Sprecher des ***M.*** haben eine zuverlässige Handhabe, um zwischen schriftsprachlichem *das* und *dass* (früher *daß*) zu unterscheiden: Wenn in einem Satz *das* durch ***des*** ersetzt werden kann, ist immer *das* mit einfachem *-s* zu schreiben; wenn dagegen ***des*** um alles in der Welt nicht passt, dann muss man *dass* schreiben: ***des woas a jeda dàs ma se dàišn ko*** *„das* weiß ein jeder, *dass* man sich täuschen kann". Sowohl für ***des*** „das" als auch für ***dàs*** „dass" ist *daz* die Ausgangsform im Althochdeutschen.

12.3. Weitere Konjunktionen

Konjunktionen können sekundär entstehen. Ein paar Beispiele werden erwähnt.

Das Adverb ***bǫid*** „bald“ (***ea kimd bǫid*** „er kommt bald“) verliert in der Funktion als Konjunktion das auslautende ***-d***: ***bǫi a kimd*** „wenn er kommt … (sobald …)“

bis (mit ***i:*** geht auf eine Form althochdeutsch *bī* + einer Form der Präposition *zu* zurück) kommt sowohl als Präposition (***bis tsua kiaha*** „bis zur Kirche hin“) als auch als Konjunktion (***bis du kimst so laŋ watma ned*** „bis du kommst, so lange warten wir nicht“) vor.

Der begründenden Konjunktion *da* der Schriftsprache steht häufig ***wài*** „weil“ gegenüber. Als unterordnende Konjunktion bedingt ***wài*** „weil“ Endstellung des Verbs: ***wàist as du bist*** „weil du es bist“, ***wàist du grǫd kema bist*** „weil du gerade gekommen bist“, oft wird aber auch das Verb an der zweiten Stelle belassen (nebengeordneter Haupstsatz): ***wài du bist grǫd kema*** „weil du gerade gekommen bist“, ***dem gun i des wài des is mài fràind*** „dem gönne ich dies, weil er mein Freund ist“ („… weil das ist mein Freund“). Auf eine Genitivkonstruktion geht ***dawài*** (wörtlich) „der Weile, inzwischen“ zurück. Ein Adverb finden wir in ***dǫ bist a tsàidloŋ wek dawài endad se ǫis*** „da bist du einige Zeit weg, und in der Zwischenzeit verändert sich alles“. Als unterordnende Konjunktion erscheint ***dawài*** in ***i blàib dǫ dawàist du as àis kàfst*** „ich bleibe da, während du Eis kaufst“.

12.4. Konjunktionen mit Personalkennzeichen

Wenn Konjunktionen einen Nebensatz einleiten, dann können im ***M.*** eigene Formen entstehen. Die folgende Formenreihe zeigt die Konjunktion ***wan*** „wenn wann“: ***wan i kim wuist wisn*** „wann ich komme, willst du wissen“; ***wanst kimst faŋa ma glài o*** (auch ***faŋ ma glài o***) „wenn du kommst, fangen wir gleich an“ ***wan a kimd faŋa ma glài o*** „wenn er kommt, fangen wir gleich an“; ***wan s kimd faŋa ma glài o*** „wenn sie kommt, fangen wir gleich an“ (auch „wenn es kommt …); ***wan ma kema wuist wisn*** „wann wir kommen, willst du wissen“ (auch ***wama kema wuist wisn***); ***wants kemts faŋa ma glài o*** „wenn ihr kommt, fangen wir gleich an“ (auch ***wants es kemts faŋa ma glài o***, ***wants es kemts faŋma glài o***); ***wans kema faŋa ma glài o*** „wenn sie kommen, fangen wir gleich an“.

Die Mehrzahl der Formen entspricht durchaus der Erwartung. Die Abweichung erfolgt in der 2. Person Singular und in der 2. Person Plural: In ***wanst*** und ***wants*** (an Stelle von erwartetem ***wan du*** und ***wan ia***) sind die Personalkennzeichen ***-st*** (***kim-st*** „du kommst“) und ***-ts*** (***kem-ts*** „ihr kommt“) unmittelbar an die Konjunktion angetreten (**9.2.1.**). Das Personalpronomen kann sehr wohl noch angefügt werden, dies ist aber nicht obligatorisch: ***wanst du kimst***, ***wants ia kemts, wants es kemts***. Ausschlaggebend ist die Tatsache, dass die Konjunktion formal das verbale Kennzeichen anfügt, man kann also von „konjugierter Konjunktion“ reden.

Einige Formenreihen sollen diese für die Mundart typische Konstruktion illustrieren. Die Regelung gilt für verschiedene Typen von Nebensätzen, wie aus folgender Beispielliste ersichtlich ist: ***hǫit dàin dàma drauf damid i an gnopf maha ko*** „halte deinen Daumen darauf, damit ich einen Knopf machen kann“; ***i hǫit an dàma dràf damidst an gnopf maha kost*** „ich halte den Daumen darauf, damit du einen Knopf machen kannst“; ***i gib àih a gɛid damits àih a fakatn kàfa kents*** „ich gebe euch Geld, damit ihr euch eine Fahrkarte kaufen könnt“.

Oft wird ***damid*** durch ***dàs*** ersetzt: ***hǫit dàin dàma drauf dàs i an gnopf maha ko*** „halte deinen Daumen darauf, damit ich einen Knopf machen kann!“; ***obts ia wists wo da bɛda is*** „ob ihr wisst, wo Peter ist“; ***wiast as makst is fǫiš*** „wie immer du es machst, ist es falsch“; ***wàits ned kema sàids sàma gaŋa*** „weil ihr nicht gekommen seid, sind wir gegangen“; ***bǫist kimst faŋa ma o*** „wenn du kommst, fangen wir an“; ***bǫist kàmast faŋad ma o – bǫist kema dàdst dàdma ofaŋa*** „wenn du kämest, würden wir anfangen“; ***bǫist kema wàrst hɛdma ale a risn gaudi kapt*** „wenn du gekommen wärst, hätten wir alle ein großes Vergnügen gehabt“; ***ɛst blɛd dahearetst hǫitst besa dài mài*** (auch ***ɛ dàst blɛd ...***) „bevor (ehe) du blöd daherredest, hältst du besser den Mund“; ***dàsts ma fài d hausaufgabm mahts*** „(ich lege Wert darauf,) dass ihr die Hausaufgaben erledigt“ (wörtlich etwa „dass ihr mir ja die Hausaufgaben macht“);

dàst ma fài d hausaufgabm makst „(ich lege Wert darauf,) dass du die Hausaufgaben erledigst“ (***dàs*** wird auch sonst verschiedentlich eingeschoben: ***woast du wiafui dàs des kost*** „weißt du, wie viel dieses kostet?“); ***i faštɛ ned warum dàs a šo wida kimt*** „ich verstehe nicht, warum er schon wieder kommt“; ***drotsdem dàst de so ogštreŋd hǫsd hǫsd as ned gšaft*** „obwohl (trotzdem dass) du dich so angestrengt hast, hast du es nicht geschafft“; ***wists jets endli wǫsts woits*** „wisst ihr jetzt endlich, was ihr wollt“; ***mia san hoamgaŋa wàits ned kema sàits*** „wir sind nach Hause gegangen, weil ihr nicht gekommen seid“: ***mia san hoamgaŋa wàist ned kema bist*** „wir sind nach Hause gegangen, weil du nicht gekommen bist“; ***solaŋst as du dǫ aushǫitst blàiw i a dǫ*** „so lange es dir hier gefällt, bleibe ich auch da“ (“so lange du es hier aushältst …“); ***sàits es gaŋa sàits hama ned gwust wǫs ma maha soin*** „nachdem (seit) ihr gegangen wart, haben wir nicht gewusst, was wir machen sollen“; ***wents nima kents dan mahts a bause*** „wenn ihr nicht mehr könnt, dann macht eine Pause“; ***wenst da niks dahàiratst und niks iabst blàibst a ama hund bist štiabst*** „wenn du dir nichts durch Heirat oder Erbe erwirbst, bleibst du ein armer Hund bis du stirbst“; ***tsoag amǫi wia šnɛist du lafa konst*** „zeig einmal, wie schnell du laufen kannst“ (auch ***tsoag amǫi wia šnɛi dàst du lafa konst***); ***las amǫi hean wia šest du siŋga konst*** „lass einmal hören, wie schön du singen kannst“ (auch ***las amoi hean wia še dàst du siŋga konst***); ***wan*** oft im Sinn von „wenn, wann“ (Bedingung und zeitlich): ***i gɛ east wan s s reŋa afhead*** „ich gehe erst, wenn es aufhört zu regnen“ („… wenn es das Regnen aufhört“); ***i woas ned wan i kim*** „ich weiß nicht, wann ich komme“; ***wan i a gɛid hɛd dàd i des kàfa*** „wenn ich Geld hätte, würde ich dies kaufen“; ***wan i a gɛid hɛd dàdi das kafa*** „wenn ich Geld hätte, würde ich es dir kaufen“; ***wan is sig dan sǫg is ia*** „wenn ich sie sehe, dann sage ich es ihr“; ***wansd as sigsd dan sǫgsd as ia*** „wenn du sie siehst, dann sagst du es ihr“; ***wan as sigd dan sǫgd as ia*** „wenn er sie sieht, dann sagt er es ihr“; ***wan mas sɛŋ dan sǫngmas ia*** „wenn wir sie sehen, dann sagen wir es ihr“; ***wands as sɛgds dan sǫgds as ia*** „wenn ihr sie seht, dann sagt es ihr“; ***wan sas sɛŋ dan sǫŋ sas ia*** „wenn sie sie sehen, dann sagen sie es ihr“; ***drotsdemts ned àifaštandn sàids***

fama fuat „trotzdem, dass ihr nicht einverstanden seid (obwohl ihr nicht einverstanden sei), fahren wir weg"; ***bǫist featig bist kema ge*** „wenn du fertig bist, können wir gehen"; ***bǫits featig sàids kema ge*** „wenn ihr fertig seid, können wir gehen"; ***wenstas du sǫgsd dan muas štima*** „wenn du es sagst, dann muss es stimmen"; ***sàids es nima dǫ sàids is niks mea los*** „seit ihr nicht mehr da seid, ist nichts mehr los"; ***mia san aloans gaŋa wàits es net kema sàids;*** "wir sind alleine gegangen, weil ihr nicht gekommen seid"; ***wiast kema bist*** „als du gekommen bist"; ***wiats des gsɛŋ hapts saits dašroka*** „als ihr das saht, seid ihr erschrocken"; ***des buah wots ma gem habts*** „des Buch, das ihr mir gegeben habt"; ***i find dàsts ia des maha miasts*** „ich finde, dass ihr das machen müsst"; ***bists es kemts dawài is ts špàd*** „bis ihr kommt, derweil ist es zu spät"; ***damits wists wia ma dro san sǫge àih des*** „damit ihr wisst, wie wir daran sind, sage ich euch dies"; ***si frǫgd mi ow e s šo woas*** „sie fragt mich, ob ich es schon weiß"; ***si frǫgd di obst a s (du) šo woast*** „sie fragt dich, ob du es schon weißt"; ***si frǫgd n ow a s šo woas*** „sie fragt ihn, ob er es schon weiß"; ***si frǫgd s ob sas šo woas*** „sie fragt sie (die Frau), ob sie es schon weiß"; ***si frǫgd s ob se s šo woas*** „sie fragt es (das Kind), ob es es schon weiß"; ***si frǫgd uns ob ma s (mia) šo wisn*** „sie fragt uns, ob wir es schon wissen"; ***si frǫgd àih obts es (ia) šo wists*** „sie fragt euch, ob ihr es schon wisst"; ***si frǫgd s ob s as šo wisn*** „sie fragt sie (die Leute), ob sie es schon wissen"; ***wàits es moants mia kema fo sɛiwa*** „weil ihr meint, wir kommen von selbst"; ***wàist as du bist*** „weil du es bist ..."; ***wàist grǫd dǫ bist*** „weil du gerade hier bist ..."; ***wants es ned kemts geŋama mia aloa*** wenn ihr nicht kommt, gehen wir alleine; ***bǫits ned àifaštandn sàids miasts as sǫŋ*** „wenn ihr nicht einverstanden seid, müsst ihr es sagen"; ***gɛ hi dàst wǫs leanst*** „geh hin, damit du etwas lernst (z.B. in die Schule)!"

Dies gilt auch für Demonstrative im Sinn von Relativa, ***des is ned da mo denst gsuaht hǫst*** „das ist nicht der Mann, den du gesucht hast" oder ***des is ned da mo den wost gsuaht hǫst*** (auch ***des is ned da mo den wost du gsuaht hǫst***); ***des is ned da mo dents gsuaht habts*** „das ist nicht der Mann, den ihr gesucht habt" oder ***des is ned da mo den wots gsuaht habts*** (auch ***des is ned da mo den wots ia gsuaht habts***); ***tswiafuit sàits n***

ia „zu wievielt seid ihr denn? wie viele seid ihr denn?“; ***wani mǫg kema ge*** „wenn ich mag, können wir gehen“; ***wanst mǫgst kema ge*** „wenn du magst, können wir gehen“; ***wana mǫg kema ge*** „wenn er mag, können wir gehen“; ***wama ferti san kema ge*** „wenn wir fertig sind, können wir gehen“; ***wants megts kema ge*** „wenn ihr mögt, können wir gehen“; ***wans ferti san kema ge*** „wenn sie fertig sind, können wir gehen“; ***des haus des wost du kàfa wuist*** „das Haus, welches du kaufen willst …“; ***i wui wisn weats ia sàits*** „ich will wissen, wer ihr seid“; ***da fata frǫgd wemts des gem habts*** „Vater fragt, wem ihr das gegeben habt“
i bi gšpant wia laŋts no brauhts „ich bin gespannt, wie lange ihr noch braucht“; ***obts es šo bǫid kemts dàd i gean wisn*** „ob ihr schon bald kommt, würde ich gerne wissen“; ***wia hohst a naufštàigst es gɛd ǫiwài no wàida*** „wie hoch du hinaufsteigst, es geht immer noch weiter“; ***so hoh wiast a naufštàigst es gɛd ǫiwài no wàida*** „so hoch wie du auch hinaufsteigst, es geht immer noch weiter“; ***je mearast hǫst umso meara wuist ǫiwài no ham*** „je mehr du hast, umso mehr willst du immer noch haben“; ***je mearats hapts umso meara woits ǫiwài no ham*** „je mehr ihr habt, umso mehr wollt ihr immer noch haben“; ***so šets es a mǫits nadua is do no šena*** „so schön ihr auch malt (malen könnt), die Natur ist doch noch schöner“, auch denkbar „so schön ihr es (das Bild) auch malt, die Natur ist doch noch schöner“.

Anhang

Literaturliste

(Enthält nur Titel, die in der Kurzform „Verfassername und Erscheinungsjahr“ erwähnt werden.)

Auburger, Leopold. 2011. Boarische Orthographie = Orthographia Bavarica. Berlin.

Kranzmayer, Eberhard. 1956. Historische Lautgeographie des gesamtbairischen Dialektraumes. Wien.

Kufner, Herbert L. 1961. Strukturelle Grammatik der Münchner Stadtmundart. München.

Merkle, Ludwig. 1975. Bairische Grammatik. München.

Schmeller, Johann Andreas. 1872 – 1877. Bayerisches Wörterbuch. 2., mit des Verfassers Nachträgen vermehrte Ausgabe, hg. v. *Karl Frommann*, 2. Bände. München. Verschiedentlich nachgedruckt.

Schmid, Hans Ulrich. 2012. Bairisch. Das Wichtigste in Kürze. München.

Stör, Bernhard. 1996. Die mundartlichen Verhältnisse in der Region München. Dissertation München. 984 Seiten in zwei Bänden.

Weinhold, Karl. 1867. Bairische Grammatik. Berlin.

Wittmann, Stephan. 1943. Die Mundart von München und Umgebung.Dissertation, Universität München.

Zehetner, Ludwig (1985). Das bairische Dialektbuch. München.

Zehetner, Ludwig. 2009. Basst scho! Wörter und Wendungen aus den Dialekten und der regionalen Hochsprache in Altbayern. Regensburg.

Zehetner, Ludwig. 2010. Basst scho! Band 2. Weitere Streiflichter auf die deutsche Sprache in Altbayern. Regensburg.

Zehetner, Ludwig. 2011. Basst scho! Band 3. Eine neue Runde auf dem Spaziergang durch die Heimatsprache Altbayerns. Regensburg.

Zehetner, Ludwig. 2018. Bairisches Deutsch. Lexikon der deutschen Sprache in Altbayern. 5. Auflage. Regensburg.

Zehetner, Ludwig. 2019. Basst scho! Band 4. Einblicke in Geheimnisse des Bairischen. Regensburg.

Abkürzungen und Sonderzeichen

(möglichst wenig verwendet)

> bedeutet „wird zu“ (ahd. *guot* > ***M. guad***), die frühere Form steht links vom Zeichen „>“

< bedeutet „kommt von“ (***M. guad*** < ahd. *guot*), die spätere (auch gegenwärtige) Form steht links vom Zeichen „<“

schr. schriftsprachlich (hochdeutsch) oder Schriftsprache (Hochdeutsch)

M. münchnerisch

Ausblick

Der aktive Gebrauch des Münchnerischen schwächelt. Die typisch regionale Färbung basiert auf dem ererbten Sprachsystem, wie es sich historisch entwickelt hat. Als bleibende Besonderheiten können die „konjugierten Konjunktionen“ (wennst kimmst ...) gelten, die fest im Gebrauch verwurzelt sind. So lebt die Befehlsform kàffts (kauft!) in der Formel kàffts Ràdi (wörtlich „kauft Rettiche!“) mit Hinweis auf anmaßende Personen weiter. Diese Wendung soll auf einen Händler zurückgehen, der die Leute zum Kauf von Rettichen aufforderte, in Wirklichkeit aber nur Rüben anbieten konnte. Auch die Formen des Konjunktivs wie i gàngad (ich würde gehen) werden regelmäßig verwendet. Das Personalpronomen mia (wir) gilt zu Recht als unverwüstlich, und ràmmadàmma (wir räumen) ist vielen geläufig. Alleinstehende Zahlwörter wie viere, fimfe (vier Uhr, fünf Uhr) werden sich ebenfalls als Zeugen aus vergangener Zeit halten können. Die reiche Welt der Diminutiva vom Muaterl und Vatterl bis zum Wutzerl und Buale ist nahezu unergründlich. Die in ihrer Knappheit unübertrefflichen Verben mit der- (daschnaufa, dasaufa, darenna) lassen sich teilweise nur durch umständliche Umschreibungen wiedergeben. Als Endpunkt einer Diskussion, die keine weitere Erörterung mehr zulässt, dient: schwoamas owi („Schwamm drüber“, etwa „schwemmen wir es hinunter“). Pfiad di God („behüte dich Gott“) wird sich noch einige Zeit gegenüber „Tschüss“ behaupten können.

Angleichungen an die Schriftsprache werden weiterhin erfolgen, aber zahlreiche Ausdrücke sind und bleiben Sondergut. Glump und Graffl, gesteigert als Hundsglump und Saugraffl, gehören zur Alltagssprache in München. Saperlott und Herrschaftseitn drücken verschiedene Stufen der Überraschung und des Ärgers aus. Lästerliche Flüche wie Sakrament werden abgeschwächt zu Sacklzement, aus Kruzifix kann Kruzinesen werden. Schweinsbratn und Kalbshaxn gehören auf die Speiskartn. Beflamot (nach dem Französischen bœuf à la mode) hat man gern für einen Sauerbraten gesagt, und Parablui ist noch oft als Bezeichnung des Regenschirms zu hören. Ein Hundskrüppel bezieht sich in keiner Weise auf einen Menschen mit körperlicher Behinderung, vielmehr ist ein Bub gemeint, der Ärger verursacht. Kritische Benennungen von jüngeren Männern umfassen Stenz, aber auch Gloiffel und Lackel. Auf eingeschränkte Reaktionsfähigkeit weisen dàmisch, dàppert und dràmhàppert hin, dorad bezieht sich auf Schwerhörigkeit. Das Schmugeld bezieht sich auf schwarze Kassen.

Aus dem Bereich der Alltagsrede und insgesamt des Wortschatzes können noch viele Besonderheiten berichtet werden. Dies soll bei einer späteren Gelegenheit in einem eigenen Buch erfolgen.

Nachwort des Autors

Michael Volk hat unter den derzeit problematischen Verhältnissen das vorliegende Buch in sein Verlagsprogramm aufgenommen und mit seinem Team zusammen die Druckvorlage auf der Basis eines schwierigen Manuskripts erstellt. Dafür danke ich sehr herzlich.

17. März 2023.